Josef Keppler
Lindewerrsches Bilderbuch
(1895-1999)

Umschlagfotos:

Titelseite:

Evangelische St.-Marien-Kirche – Gesellschaft am Angertisch unter der Dorflinde
Stockmacherobermeister Hans Karl Wagner – Blick von der Teufelskanzel
Brückenruine mit Grenzanlagen – Wiederaufbau der Werrabrücke

4. Umschlagseite:

Blick von der Teufelskanzel in das Werratal auf Lindewerra, Oberrieden und das Hessische Bergland
Dorfstraße und Hirtenrasen mit altem Stockmachergrundstück
Spätgotisches Triptychon in der ev. Kirche
Backhaus des Stockmachermuseums

Josef Keppler

Lindewerrsches Bilderbuch
(1895-1999)

Bilddokumente aus der Geschichte
des Stockmacherdorfes Lindewerra
im eichsfeldischen Werraland

Verlag Mecke Druck, Duderstadt · 1999

Die Deutsche Bibliothek - CIP-Einheitsaufnahme

Lindewerra:
Lindewerrsches Bilderbuch (1895 - 1999) : Bilddokumente aus der Geschichte des Stockmacherdorfes Lindewerra im eichsfeldischen Werraland / [Hrsg.: Gemeinde Lindewerra]. Josef Keppler. - Duderstadt : Mecke, 1999

ISBN 3-932752-36-8

Herausgeber:
Gemeinde Lindewerra
mit finanzieller Unterstützung des
Heimatvereins des Stockmacherdorfes Lindewerra,
des Kirmesvereins Lindewerra,
des Feuerwehrvereins Lindewerra sowie
des Landkreises Eichsfeld.

© 1999 Gemeinde Lindewerra

Alle Rechte, insbesondere das Recht der Vervielfältigung und Verbreitung sowie das Recht der Übersetzung, vorbehalten. Kein Teil des Werkes darf in irgendeiner Form - durch Fotokopie, Mikrofilm oder ein anderes Verfahren - ohne schriftliche Genehmigung des Verfassers reproduziert oder unter Verwendung elektronischer Systeme verarbeitet, gespeichert, vervielfältigt oder verbreitet werden..

Herstellung: Mecke Druck und Verlag, 37115 Duderstadt

ISBN 3-932752-36-8

Zu beziehen über alle Buchhandlungen oder beim
Verlag Mecke Druck, Postfach 1420, 37107 Duderstadt
Tel. 0 55 27/98 19 22, Fax 0 55 27/98 19 39
eMail: Verlag. MeckeDruck@t-online.de
Internet: http://www.meckedruck.de

Zum Geleit

Jubiläen sind Anlässe zu Besinnung und Aufbruch. Wenngleich an feierlichen Höhepunkten in unserer Gemeinde kein Mangel herrscht, ist die 700-Jahr-Feier der urkundlichen Ersterwähnung von Lindewerra natürlich etwas ganz Besonderes. Daher wollen wir das Ortsjubiläum nicht nur mit einer Festwoche und inhaltsreichen Veranstaltungen mit vielen Gästen begehen, sondern wir möchten etwas Bleibendes vorlegen, das über die Festtage hinaus wirkt und Bestand hat: ein Buch.

Über Jahre hat der Ortschronist unserer Gemeinde, Josef Keppler, älteres Bildmaterial gesammelt, das ihm unsere Bürger gern zur Verfügung stellten. Er hat aber in den zurückliegenden 35 Jahren selbst Tausende Aufnahmen gemacht, die Lindewerra, seine Bürger und ihr Leben zum Inhalt haben. Aus der Summe des vorhandenen Bildmaterials sind für dieses „Bilderbuch" über 300 Fotos ausgewählt und mit informativen Texten versehen worden. Für das vorliegende Ergebnis aufwendiger Arbeit danken wir ihm herzlich.

Viele von uns werden sich wiedersehen, werden mit Freude und Stolz Erreichtes registrieren, schmunzelnd Erinnerungen wach werden lassen, aber auch an schlimme Tage denken. Mit Wehmut erinnert sich mancher sicher an entschwundene Jahre und mit Genugtuung an prägende Ereignisse. Gewiß gibt es ausreichend Anlaß, in Dankbarkeit an Familienangehörige und Mitbürger zu denken, die nicht mehr unter uns weilen.

Vielleicht verhilft einigen von uns die bildhafte Erinnerung an vergangenes Gutes zu neuen Ideen für das Heute und das Morgen.

Es ist ein Buch für uns und künftige Generationen, die ihrer Herkunft Bedeutung beimessen.

Lindewerra, im Juli 1999

Heino Bühler
(Bürgermeister
vom 13. März 1991 bis 30. Juni 1999)

Walter Propf
(Bürgermeister seit 1. Juli 1999)

Vorwort

Eine möglichst lückenlose Geschichte Lindewerras von den belegbaren Anfängen bis zur Gegenwart zu veröffentlichen, schwebte mir seit langem vor und veranlaßte mich zum Sammeln von historischem Faktenmaterial, Hinweisen, Bildern u. v. a. Daß nun keine der üblichen Chroniken mit vielen textreichen Kapiteln und einigen illustrierenden Bildern entstand, hat seine Ursache auch in dem überraschenden, enormen Zuspruch, der mehreren Diavorträgen in der Gemeinde entgegengebracht wurde und das Bedürfnis nach Erinnerung an die Geschichte des Dorfes und die darin persönlich hinterlassenen Spuren fühlbar werden ließ. So entstand der Gedanke, zugunsten der Anschauung ein Buch mit vielen Bildern und knappen, aber inhaltsreichen Begleittexten zu schaffen, in dem wichtige oder interessante Momente der Dorfgeschichte der letzten 100 Jahre durch Fotos vor dem endgültigen Vergessen bewahrt bzw. in dauerhafte Erinnerung zurückgerufen werden.

Als wahrhaft glücklicher Umstand ist anzusehen, daß ungewöhnlich viele alte Fotografien vorhanden waren, die von ihren Besitzern bereitwillig zur Verfügung gestellt wurden. Vervollständigt mit einer großen Anzahl eigener Fotos aus den letzten 35 Jahren konnten 305 Fotografien zusammengestellt werden, die das 160seitige Buch füllen und Lindewerra und seine Menschen sowohl in ihrem Alltag wie zu festlichen Anlässen zeigen. Viele Bürger unseres Dorfes werden sich selbst und ihre Vorfahren, in die geschichtliche Entwicklung eingebunden, wiedersehen, werden an herausragende Situationen oder an Selbstverständliches erinnert. Natürlich entstand keine lückenlose Chronologie aller allgemein oder individuell bedeutenden Anlässe; oft sind es schlaglichtartige Darstellungen voller zeitlicher Sprünge und mit Lücken, die sowohl dem Fehlen wie dem Überangebot an Bildern geschuldet sind.

Die Bildauswahl fiel oft nicht leicht, war aber in jedem Fall von dem Bemühen getragen, Wichtiges und Wertvolles in bunter Vielfalt aufzunehmen und kurz zu kommentieren, aber auch angenehme und heitere Nebensächlichkeiten nicht zu vergessen. Aus technischen und finanziellen Gründen konnte erst ab Seite 113 mit der farbigen Bildwiedergabe begonnen werden.

Wenn das anläßlich der 700-Jahr-Feier erscheinende „Lindewerrsche Bilderbuch" mit seinem Blick in die Details der ferneren und der jüngsten Vergangenheit den Wunsch zum harmonischen Miteinander in der Gegenwart und für künftige Jahre wecken könnte, bekäme es einen über seinen Inhalt hinausreichenden großen Wert für uns alle.

Für die Bereitstellung von Fotos, für Informationen zu den Bildinhalten sowie weitere Hilfe gilt herzlicher Dank:

Lisbeth Apel	Hans Geyer	Marianne Propf
Berthold Brill	Willi Geyer (†)	Alfons Rieger
Heino Bühler	Walter Görlitz (†)	Brunhilde Rossi
Oskar Bühler	Erhard Heinrich	Annemarie von Rüden
Hilda Degenhardt	Ilse Heinrich	Heinz Sippel
Erika Dölle	Siegmund Jäckel	Hilde und Eduard Sippel
Fritz Eichenberg	Barbara Keppler	Holger Sippel
Wolfgang Friese	Anneliese und	Horst Sippel
Gerda Gastrock	Klaus-Jürgen Krause	Manfred Sippel
Erich Geyer	Rüdiger Merkel	Willi Stöber
		Mecke Druck und Verlag

Lindewerra, am 21. Juni 1999   Josef Keppler

Die historischen Wurzeln Lindewerras

Zwei Urkunden, ausgestellt am 24. Januar 1299, belegen die Existenz einer Ansiedlung, die heute den Namen „Lindewerra" trägt.[1]

Während das erste Dokument, die Verzichtserklärung des Grafen Otto von Lauterberg, nur als Abschrift des 14. Jahrhunderts im Zentralarchiv des Deutschen Ordens in Wien vorliegt, wird die darauf Bezug nehmende urkundliche Bestätigung durch den Herzog Heinrich von Braunschweig als Originalpergament im Hessischen Staatsarchiv Marburg verwahrt.[2] Daß es sich dabei um die urkundliche Ersterwähnung Lindewerras handelt, bestätigten das Staatsarchiv Magdeburg 1987 und das Thüringische Hauptstaatsarchiv Weimar 1998.[3]

In jenem Schreiben vom 24. Januar 1299 beurkundete Heinrich von Braunschweig den Verzicht des Grafen Otto von Lauterberg auf seinen Besitz in Lindewerra und ein Vorwerk in Allendorf zugunsten des Komturs und der Brüder des Deutschen Ordens zu Marburg.

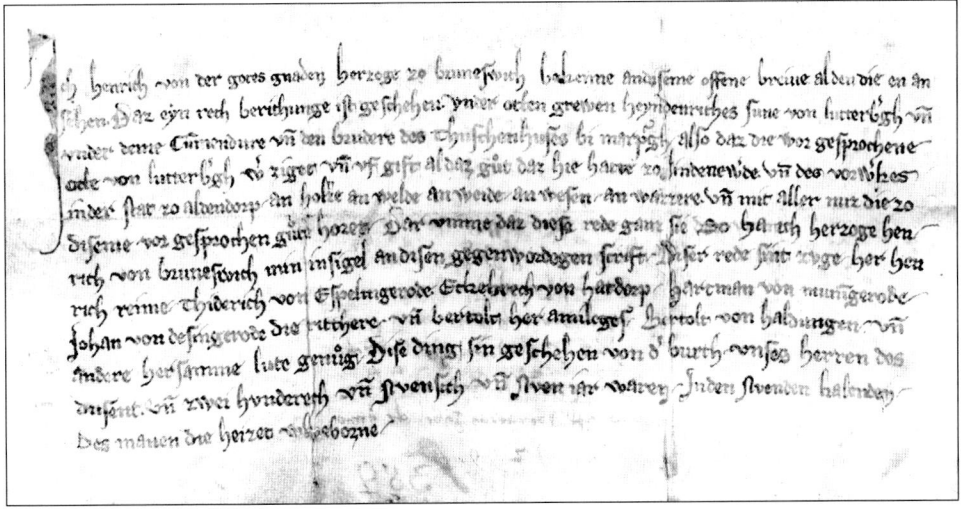

Original der Urkunde. (Quelle: StA Marburg, Urk. A II, Deutscher Orden, 1299 Januar 24)

Im Text heißt es, Otto von Lauterberg verzichte „uf al daz gut, daz hie hatte zo lindenewerde unde des vorwerkes in der stat zo aldendorp, an holze, an welde, an weide, an wesen, an wazzere unde mit aller nuz, die zo dieseme vor gesprochen gute horet."[4]

Die Richtigkeit der Angaben bestätigte Heinrich von Braunschweig mit seinem Siegel und der Nennung der Zeugen, die zugegen waren: „her Henrich Reime, Thiderich von Espelingerode, Eckebrech von Hatorp, Hartman von Munnigerode, Johan von Desingerode, die ritthere, unde Bertolt her Amiliges, Bertolt von Haldungen unde andere hersame lute genug..."[5]

Zum Schluß wurde das Datum der Besiegelung jener Festlegungen genannt, der Ort der Verhandlungen und der Beurkundung blieb jedoch leider unerwähnt.

Die genannten Urkunden sind Anlaß für die 700-Jahr-Feier der urkundlichen Ersterwähnung Lindewerras im Jahr 1999. Sie geben jedoch keinen Aufschluß über das wirkliche Alter des Ortes.

Es ist selbstverständlich, daß Lindewerra wesentlich älter ist als die bisher bekannten urkundlichen Bestätigungen bezeugen. Es wäre nicht ungewöhnlich, wenn sich beim zielgerichteten oder zufälligen Aktenstudium in Archiven eine noch ältere Urkunde finden würde.

Auf Grund des Ortsnamens kann davon ausgegangen werden, daß der Besiedlungsbeginn in fränkischer Zeit lag, also zwischen 531 und etwa 900 n. Chr.[6] Der Name bezeichnet den mit Linden bestandenen Werder,[7] wobei das Grundwort vom mittelhochdeutschen Wort „wert" stammt und „Insel, Halbinsel, erhöhtes wasserfreies Land zwischen Sümpfen, Ufer"[8] bedeutet. Eine Bedeutungsanlehnung an den Flußnamen der Werra erfolgte erst später.

Vor weit mehr als 700 Jahren ließen sich die ersten Menschen hier am etwas abseits gelegenen Werraufers nieder. In der Nähe - und doch nicht zu nah - verlief die bedeutende alte Verbindungsstraße zwischen den Sachsen und den Franken durch den Höheberg. Sie kam von Göttingen her, überschritt bei Niedergandern die Leine und kreuzte östlich von der Burg Hanstein die „Hohe Straße". Über das Ausgespann, Allendorf und Fulda marschierten Heere und zogen Handelswagen nach Mainz.[9]

Zu Füßen des Höhebergs fand man Schutz und in seinen Wäldern Brenn- und Bauholz. Dem Fluß entnahm man das lebensnotwendige Wasser und freute sich über seinen Fischreichtum. Zum Ackerbau eigneten sich die nicht von Hochwasser gefährdeten Teile der Werraniederung und für Weiden die steinigeren Berghänge. So begann hier irgendwann die Entwicklung der Ansiedlung und die Gemeinschaft der Menschen, deren Vorhandensein an dieser Stelle schließlich 1299 schriftliche Erwähnung fand.

Für die nachfolgende Zeit gibt es mehrere urkundliche Belege, die sich meist auf Besitz oder Eigentumswechsel bezogen und den Ort in unterschiedlicher Schreibweise enthalten (1317 „Lyndenwerden", 1363 „Lyndenwerder", 1376 „Lingenwerde", 1583 „Lindenwerd"), bis 1661 erstmalig „Lindewerra" geschrieben wurde.[10]

---

[1] Vgl. Urkundenbuch des Eichsfeldes, Teil 1, hg. von der Historischen Kommission für die Provinz Sachsen und für Anhalt, bearb. von Aloys Schmidt, Magdeburg 1933, Reprint Duderstadt 1997, Nr. 786 und 787.

[2] Staatsarchiv Marburg, Urk. A II Marburg, Deutscher Orden, 1299 Januar 24. Für die Genehmigung zur Veröffentlichung danken wir.

[3] Vgl. Schreiben des Staatsarchivs Magdeburg vom 8. April 1987 und des Thüringischen Hauptstaatsarchivs Weimar vom 19. Oktober 1998

[4] Urkundenbuch, S. 486.

[5] Ebd.

[6] Vgl. Müller, Johannes, Frankenkolonisation auf dem Eichsfelde, Halle 1911, S. 101.

[7] Vgl. Müller, Erhard, Die Ortsnamen des Kreises Heiligenstadt, Heiligenstadt 1989, S. 29.

[8] Lexer, Matthias, Mittelhochdeutsches Taschenwörterbuch, Leipzig 1953, S. 315.

[9] Vgl. Müller, Frankenkolonisation, S. 51.

[10] Vgl. Müller, Ortsnamen, S. 29.

„Wer dessen noch fähig war, der mußte hier von Lebens- und Liebeslust bestürmt werden", schwärmte Theodor Storm in seiner Novelle „Eine Malerarbeit" beim Blick von der Teufelskanzel. Der sagenumwobene Sandsteinfelsen im eichsfeldischen Höheberg, von dem man den herrlichen Panoramablick auf den hufeisenförmigen Werralauf, auf Lindewerra und in das Hessische Bergland genießen kann, ist eines der beliebtesten Wanderziele in Deutschlands Mitte. In beachtlicher Vielfalt wird dieser Teil des romantischen Werralandes seit der Errichtung des Berggasthauses im Jahre 1882 auf Ansichtskarten dargestellt. Die Werrabrücke auf dem unteren Bild scheint nachträglich hinzugefügt worden zu sein.

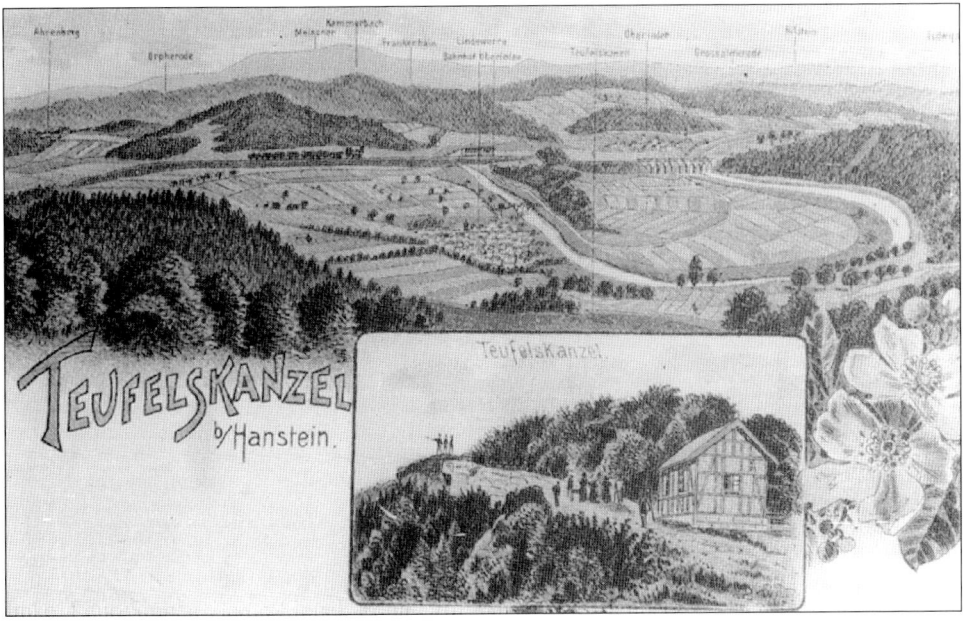

1865 waren Lindewerra, Werleshausen, Bornhagen und Fretterode die ersten Orte des preußischen Kreises Heiligenstadt, die einen Briefkasten erhielten. Die „Posthülfsstelle" mit Briefkasten und „Öffentlicher Fernsprechstelle" befand sich am Rasen im Haus der Familie Rossi, vor dem sich der Tischlermeister Wilhelm Rossi mit seinem Sohn Wilhelm um 1905 für eine Postkarte fotografieren ließ.

Für die „Beschreibende Darstellung der Bau- und Kunstdenkmäler des Kreises Heiligenstadt" fertigte der Königliche Kreisbauinspektor Walter Rassow um 1905 historisch wertvolle Fotografien von der 1738 errichteten Lindewerraer Kirche und ihrem um 1500 geschaffenen spätgotischen Flügelaltar an. Der Turm wurde 1789 vollendet. Einer früheren gotischen, der Gottesmutter geweihten Kirche entstammt das nordwestliche Fenster des Kirchenschiffes. Zwei Dachgaubenfenster sorgten einst für Licht im Kircheninneren, das durch ein hölzernes Tonnengewölbe abgedeckt war.

Im November 1883 wurde in Lindewerra der Männergesangverein „Eintracht" gegründet. Im original vorliegenden Statut heißt es: „Die Gründer des Vereins geben sich der Hoffnung hin, daß unter den Mitgliedern wahre Eintracht herrsche, verbunden mit dem ersten Bestreben, Lust und Liebe zum Gesang zu wecken bei jedem, der dem Verein beitritt." Das Bild ist das älteste datierte Foto zur Dorfgeschichte (3. März 1895) und zeigt den Chor mit dem Lehrer Nikolaus Rupprecht (Bildmitte), der von 1895 bis 1912 dessen Dirigent war.

Als Kulisse für das Bild mit allen Schülern der einklassigen Schule von Lindewerra und ihrem Lehrer Nikolaus Rupprecht wurde um 1895 wie für viele weitere Schulbilder die Kirche gewählt.

Der Bau der Brücke, die endlich die durch die Werra geteilte Gemarkung des Dorfes verbinden sollte, begann im August 1900. Die Sandsteine für das sechsbogige Bauwerk, das der Landesbauinspektor Schellhaas projektiert hatte, gewannen die Arbeiter der Firma Behrend aus Mühlhausen im nur wenige Meter entfernten Scherzeberg. Der Einsatz vieler Arbeitskräfte scheint das beachtliche Bautempo ermöglicht zu haben, denn bereits im Juni 1901 war die Werrabrücke für Fußgänger passierbar. Als Baukosten wurden am 13. Juli 1902 69.471,49 Mark angegeben.

Am 7. Mai 1871 öffnete die dritte Gastwirtschaft des Dorfes. Carl Wagner hatte an diesem Tage vom Kreisausschuß zu Heiligenstadt seine Konzession zur Führung der Schankwirtschaft „Zur Traube" erhalten. Von ihm übernahm sie sein Sohn Hermann, der sie bis zu seinem Tode 1906 führte. Das Bild entstand um 1905.

Der Chorgesang erfreute sich in Lindewerra großer Beliebtheit, deshalb wurde im Juli 1893 das „Brüderquartett" gegründet. Anfangs stammten alle Sänger aus einer Familie. In der Chorchronik ist zu lesen: „Obwohl dies nur eine kleine Sängerschar war, wurden doch beachtliche Leistungen im Männergesang vollbracht." Zu Himmelfahrt 1909 wurde ein Foto angefertigt, das sie nach gemeinsamem Singen mit den Göttinger Blauen Sängern und einem stärkenden Glas Bier unter der Linde zeigt.

Die ehemalige Gastwirtschaft „Zur Linde", (Foto um 1912) die zuletzt bis 1961 von Lina Sippel geführt wurde, ist mit ihrer Eröffnung im Jahre 1817 das älteste bekannte Gasthaus Lindewerras und war besonders bekannt für fröhliche Feiern. Am 23. September 1907 befahl Landrat Fritz von Christen dem berittenen Gendarmeriewachtmeister August Frost zu Lindewerra, strenger auf die Einhaltung der Polizeistunde zu achten, da diese häufig überschritten und dort Klavier gespielt und getanzt werde.

Der Dorfanger von Lindewerra mit Linde, Sandsteintisch und -bänken zählte bis in die 50er Jahre des 20. Jahrhunderts zu den schönsten des westlichen Eichsfeldes. Hier in der Nähe von Kirche, Schule und Gasthaus „Zum Weißen Roß" traf man sich zu Feiern und begann Umzüge durch das Dorf. Auf dieser Ansichtskarte sind weiter die ortsbildprägenden Fachwerkbauten aus dem 18. und 19. Jahrhundert zu sehen, die die Dorfstraße säumen.

Wie in vielen Dörfern des Eichsfeldes wurde auf dem Anger eine Linde gepflanzt, mit der unsere Vorfahren gewiß die Liebesgöttin Freya ehren und sich die heilenden Kräfte ihrer Blüten sichern wollten. In ihrem Schatten saß man auf den Steinbänken, während auf der gewaltigen Tischplatte gewiß so manches „Kännchen" serviert wurde.

Auf einem Bild des Männergesangvereins aus dem Jahre 1913 konnten folgende Sänger namentlich ermittelt werden (von oben links): Wilhelm Sippel, Willi Gerstenberg, Wilhelm Geyer, Gustav Gerstenberg, Karl Bühler, Emil Göbel, Karl Geyer, Konrad, Karl und Adolf Gerstenberg, Gustav Wedemeyer, Konrad Geyer, Karl Gerstenberg, Karl Sippel, Georg Bley, Peter Lotze, Adolf Gastrock, Konrad Gastrock (Dirigent „Schmettens Klarinettenvetter"), Johannes und Wilhelm Göbel, Wilhelm Rossi...

Vor ihrem bäuerlichen Anwesen in der Dorfstraße (heute Heino Propf) hat die Familie Sippel 1912 Aufstellung genommen. Von links: Willi, Konrad, Bertha, Hedwig und Hermann Sippel, Knecht Karl Lieft, Louis Sippel.

Hermann Sippel, Karl Lieft sowie Louis und Konrad Sippel (von links) transportierten 1914 Holz auf den Bahnhof Oberrieden.

Feldmarschmäßig bekleidet und mit Karabiner bewaffnet ließ der Soldat bei den 95ern, Emil Göbel, zusammen mit seiner jungen Frau Emilie 1915 eine Atelieraufnahme anfertigen.

Soldaten-Urlaubssidylle 1916 mit Damen (von oben links): Martha Gastrock, Karl Nebeling, Anna Bühler, Konrad Degenhardt, Gustav Degenhardt, Richard Sippel, Hulda Heepe, Elise Sippel, Richard Bühler.

Eine Ehrentafel wurde 22 Gefallenen aus Lindewerra und den 65 heimgekehrten Teilnehmern des 1. Weltkrieges gewidmet.

Unter der Linde übte der Kesselflicker im September 1919 vor interessiertem Publikum sein Handwerk aus. Von Zeit zu Zeit konnte man hier auch umherziehende Scherenschleifer, Musikanten, Bärenführer und Schirmflicker finden.

Auf dem Weg ins Hessenland überquerte ein Eichsfelder Handelsmann mit Bürsten und Besen sowie weiteren Waren, die er in seinem Reff, einem typischen eichsfeldischen Tragegestell transportierte, die Werrabrücke (um 1920).

Die Sänger des 1859 gegründete Studenten-Gesang-Vereins der Georg-August-Universität von Göttingen, später eine „akademisch-musikalische Verbindung" mit dem Namen „Blaue Sänger", unternahmen nachweislich seit 1900 älljährlich Himmelfahrtsausflüge nach Lindewerra. Nach herzlicher Begrüßung durch einheimische Sänger nahm man an einer großen Tafel unter der Linde das Essen ein, das von der Familie Gerstenberg vom „Weißen Roß" hergerichtet wurde. Der Fahne der Blauen Sänger entsprechend, gab es je ein weißes und zwei hellblau gefärbte Eier und Kartoffelsalat. Foto: Himmelfahrt 1919.

„Mit geschultertem Wanderstab marschierten die Blauen Sänger unter Geigen- und Gitarrenklang in Lindewerra", vermerkte die studentische Chronik. Ihnen folgten zu Himmelfahrt 1919 die Kinder des Dorfes in Festtagstracht sowie weitere Sänger. Neben dem alten giebelständigen Fachwerkhaus (heute Neubau von Helmut Rode) steht noch ein altes Stockmacher-Backhaus.

1920 führte der Himmelfahrtsumzug der Blauen Sänger mit den Kindern Lindewerras wie gewöhnlich über das Unterfeld (heute Straße zur Einheit), an der Brücke vorüber und Am Rasen entlang.

Ersehnter Höhepunkt für die Kinder waren „die kindlichen Spiele mit der festlich gekleideten Dorfjugend", die als Wettkämpfe im Sackhüpfen und Eierlaufen ausgetragen wurden. Als Kampfrichter auf dem Spielplatz des Turnvereins, dem Weg im Filch, wirkten Studenten mit blau-weißblauen Vereinswimpeln an Start und Ziel. Die Kinder wurden mit Geschenken, wie kleinen Windmühlen und Wundertüten belohnt, und auch die Kinder aus Oberrieden, die zuschauten, erhielten Bonbons.

Viele Verwandte, Nachbarn und Freunde wurden stets zu den Hochzeiten eingeladen, wie es auch das Gruppenfoto bei der Heirat von Dorette Degenhardt und Alfred Koch im Jahre 1920 dokumentiert. Der Vater der Braut, Wilhelm Degenhardt, hatte wegen des Brückenbaus seine Tätigkeit als Fährmann eingebüßt und pachtete nach vergeblichen Entschädigungsforderungen an die Gemeinde am 5. Oktober 1901 das Gasthaus auf der Teufelskanzel von der Familie von Minnigerode. Alfred und „Dorettchen" waren dann die Wirtsleute von 1926 bis gegen Kriegsende.

Im Gemeindehaus am Hirtenrasen, das 1962 abgerissen wurde, wohnte der Gemeindediener Wilhelm Söder. Er galt als geschickter Korbflechter und stellte auch die „Trageközen" für den Transport der Süßkirschen her.

Am 30. Juni 1921 gestattete die Gemeindevertretung mit ihrem Schulzen Heepe auf Wunsch des Kriegervereins die Errichtung eines Kriegerdenkmals für die Gefallenen des 1. Weltkriegs auf der Westseite des Kirchhofs, lehnte jedoch jegliche Kostenübernahme ab. Bei der feierlichen Einweihung des Denkmals gedachten neben den Familienangehörigen der Kriegerverein und die Mitglieder der anderen Vereine der 25 Lindewerraer Männer, die nicht zu ihren Familien zurückkehren konnten.

Am 1. Mai 1924 wurde der neu gebaute Tanzsaal des Gastwirts und ehemaligen „Bautechnikers" Wilhelm Jäckel eingeweiht. Wenige Tage zuvor hatte er die Gastwirtschafts- und Saalkonzession von seiner Schwiegermutter Dorothea Wagner übernommen. Im Antrag hierzu heißt es: „Die ‚Traube' ist das am besten gelegene Lokal im Orte und seit 40 Jahren Wahl- und Terminlokal, hat vier Fremdenzimmer und einen neu erbauten Saal von 300 m^2."

1925 unternahmen Hans Heepe, Otto Söder, Karl Gastrock, Konrad, Adolf und Hermann Sippel eine Radtour zur Wartburg.

Schulbild von 1925 (von oben links): Wilhelm Geyer, Ernst Heepe, Kurt Gottschall, Gerda Sippel, Else Lotze, Lehrer Heinrich Knop, Hedwig Hakenholz, Marie Rheinländer, Karl Sippel, Walter Siebert, Rudolf Gerstenberg, Erich Göbel, Hilda Göbel, Lina Bley-Bühler, Gustav Wagner, Oskar Bühler, Hermann Sippel, Wilhelm Imke, Hugo Brill, Gustav Gastrock, Hans Sippel, Heino Imke, Adolf Brill, Grete Gerstenberg, Pauline Sippel, Lisbeth Bühler, Martha Rheinländer, Arno Bühler, Franz Brill, Wilhelm Bühler, Kurt Geyer, Klara Gerstenberg, Edith Imke, Lene Sippel, Gerda Sippel, Edna Brill, Gustav Gerstenberg.

Die Gebrüder Konrad und Walter Sippel betrieben außer der Stockfabrik Germania in ihrem Haus am Unterfeld (seit 1954 Friedensstraße, Familie Sippel/Preßler) einen Kolonialwarenladen. Die Kinder der Geschäftsinhaber hielten sich 1926 vor dem Grundstück auf: Heinz im Korbsessel, Artur im Spielstühlchen, Anneliese im Kinderwagen und Werner auf dem Schaukelpferd.

Die Stockfabrik Germania, die in dieser Zeit der größte Stockmacherbetrieb Lindewerras war, stellte 1926 erstmalig auf der Leipziger Messe aus und machte damit auf das seit 90 Jahren im Dorf florierende Stockmacherhandwerk aufmerksam. Als Spezialität priesen „Germans" an: Naturstöcke aus Eiche und Kastanie in jeder Ausführung für Damen, Herren, Burschen und Kinder sowie Weichsel- und Kongostöcke.

Am 19. Juni 1927 feierte der Männergesangverein sein Fahnenweihfest. Nach der Begrüßung durch den Vorsitzenden Adolf Sippel und der Weiherede des Lehrers Knop wurden die 41 Sänger fotografiert (von unten links): Georg Bley, Johannes Welch, Karl Göbel, Heinrich Knop (Dirigent), Konrad Gastrock, Adolf Sippel, Joh. Göbel, Karl Sippel, Willy Geyer, Wilhelm Sippel, Adolf Gastrock, Karl Bühler, Konrad und Heinrich Sippel, Karl Nebeling, Wilh. Gerstenberg, Wilh. Rossi sen., Joh. Gerstenberg, Gustav Wedemeyer, Wilh. Brill, Karl Geyer, Bernh. Brill, Walter Sippel, Konrad Degenhardt, Willy Gerstenberg, Franz Hedler, Wilh. Gerstenberg, Karl Gastrock, Peter Lotze, Oskar und Konrad Sippel, Wilh. Jäckel, Fritz Schuppe, Oskar Sippel, Konrad Geyer, Karl Gerstenberg, Wilh. Sippel (Fahnenträger), Wilh. Rossi jun., Hans Heepe, Richard Sippel, Karl Geyer.

Einen Ausflug mit Pferdewagen unternahmen 1928: Gustav Imke, Bernhard Brill, Hedwig Rode, Konrad Degenhardt, Emil Rode, Elise Sippel, Marie Gerlach, Martha Göbel, Wilhelm und Emilie Geyer, Anna und Konrad Sippel, Anna Bühler, Richard Sippel, Lina Gerstenberg, Silvy und Richard Bühler.

Den Kirmesumzug, dem sich 1929 auch Blaue Sänger anschlossen, führten an: Richard Bühler, Lina Welch, Anna Bühler, Hulda Heepe, Silvy Gerstenberg.

Während des Himmelfahrtsausflugs 1929 wurde der Präside der Blauen Sänger von Kindern umringt. Es waren Erich Wagner, Hans Geyer, Ruth Sippel, Edith Imke und Anneliese Reum.

Wegen seiner Augenklappe trug Wilhelm Degenhardt, der ehemalige Teufelskanzelwirt, auch den Namen „Kläppchen" (1929).

Ein Reh, das Alfred Koch um 1929 aus dem Höheberg als Kitz mitgebracht hatte, wurde für etwa drei Jahre ungewöhnlicher, aber völlig zahmer „Familienangehöriger". Kochs Dorettchen betreute das Tier, und Tochter Hildchen sowie Fährmanns Ursel sahen es als amüsanten Spielkameraden an. Für Feriengäste (Familie Dr. Gratz, oben) gehörte es zum attraktiven Bild ländlicher Idylle.

Der Festzug zu Himmelfahrt 1931 wurde vom Präsiden Hans Gräf, Hans-Adolf Bismark und dem Fuxmajor Werner Voigts, „auf edlen Ackergäulen thronend", angeführt.

1931 ließen sich die Mitglieder des Turnvereins bei einer gemeinsamen Feier fotografieren (von oben links): Wilhelm Geyer, Oskar Bühler, Hermann Sippel, Heinrich Apel, Wilhelm Geyer, Heinrich Imke, Hans Siebert, Konrad Brill, Albert Propf, Hans Sippel, Konrad Gerstenberg, Bernhard Gastrock; Hans Rode, Richard Sippel, Karl Sippel, Christoph Stimmer, Konrad Sippel, Konrad Heepe, Karl Heepe, Karl Rheinländer, Willi Söder, Walter Siebert.

Nach seiner Gründung im Jahre 1931 gastierte der Gemischte Chor, der von Lehrer Kurt Pinne geleitet wurde, auf der Teufelskanzel. „Auch dieser Chor brachte es zu sehr guten Leistungen", wertete die Chorchronik.

Nach dem Festzug durch das Dorf wurden die neuen Studenten, die Fuxen („Füchse"), an der Werra getauft. In die hohen Papiertüten mit zwei Gucklöchern wurde von oben Werrawasser hineingegossen. 1932 (Bild) soll stattdessen jedoch Bier verwendet worden sein. Später hat man die Fuxen auch am Dorfbrunnen (heute vor Erwin Geyers Haus) naßgepumpt.

Wie allerorts gab es auch in Lindewerra eine Reihe aktiver Fußballer. Das Ergebnis eines Spiels 1932 in Hebenshausen ist zwar vergessen, doch die Spieler sind noch fast alle bekannt: Kurt Geyer, Hans Siebert, Fritz Heckeroth, Oskar Bühler, Albert Hagelgans (BSA), Gustav Wagner, Otto Sippel, Alfred Brandt (BSA) Walter Siebert, Wilhelm Bühler.

Der kleine „Über" vor dem Schulgarten war 1933 Schlittenpiste für Else und Gerda Brill, Elly Nebeling, Artur, Erwin und Anneliese Sippel, Lisbeth Brill, Heinz und Werner Sippel, Else Lotze, Frieda Brill.

Hinter dem Stallfenster schaut Kochs Ziege 1933 neugierig auf die Kindergruppe mit Erich Geyer, Hilde Koch, Helga Bühler und Ursula Degenhardt.

Im Gasthaus „Zum Weißen Roß", das im Juli 1870 von Christoph Gerstenberg eröffnet wurde, fanden sich an diesem Tag des Jahres 1934 einige Gäste ein: Walter Siebert, Karl Brill, Wirt Gustav Gerstenberg, eine Angestellte, Franz Brill.

Die Beschäftigten der Stockfabrik Germania feierten den 1. Mai 1934 als „Tag der Arbeit".

Auf seinem Grundstück an der heutigen Friedensstraße genoß der Lehrer Heinrich Knop um 1934 seinen Ruhestand. Er wurde nach 35jährigem Wirken an der Volksschule von Lindewerra am 1.10.1930 feierlich verabschiedet, wobei man ihm mit Gedichten und Liedern und nach der Ansprache des Schulzen Willy Geyer mit einer „prachtvollen Standuhr" dankte.

Ausflüge mit dem Bus gehörten um 1935 zu den großen Höhepunkten des Schuljahres. In der Nähe des Krupp-Diesels sind aus Lindewerra erkennbar: Walter Sippel, Elly Gerstenberg, Liselotte Söder, Helga, Katharina und Hugo Geyer, Heinz und Werner Sippel, Erich Wagner.

Die touristische Anziehungskraft durch die landschaftlich reizvolle Lage Lindewerras zog schon recht früh Wanderer und Urlauber an. Im Mai 1935 eröffnete Ida Geißler im Wohnhaus der Stockfabrik Söder & Co. im Unterfeld 3 (seit 1954 Straße zur Einheit 2) eine „Sommerfrische", die mitunter so stark frequentiert war, daß die eigenen vier Fremdenzimmer nicht ausreichten und Feriengäste in den Nachbarhäusern bei den Familien Brill (heute Hans Geyer), Bühler und Rossi untergebracht wurden. Mit dem Blick über die Werrabrücke auf den Höheberg wurde bei dieser Ansichtskarte eine neue Sichtrichtung gewählt.

Vom Tourismus im ganzen Land profitierte auch das Stockmacherhandwerk. 1936 existierten in Lindewerra außer den Stockfabriken Germania und Söder & Co. weitere 22 Handwerksbetriebe. Bei den Gebrüdern Sippel wurden 1936 alle Arbeitsgänge fotografisch dokumentiert. Hier richten Karl Nebeling („Hase") und Karl Söder die Stöcke am „Biegegiebel".

Heinrich Sippel fräst den Stock an, damit dort die „Zwinge" (Spitze) angebracht werden kann. 1936 verließen die Stockfabrik Germania 29.000 Kastanien-, 30.000 Eichen- und 1000 Weichselstöcke sowie 50.000 Schirmschüsse.

Der Arbeitsplatz von Walter Sippel war vorwiegend das Kontor und das Lager, wo er die Buchhaltung und den Versand erledigte. Er war ein exzellenter Kaufmann und gehörte der Konvention der deutschen Stock- und Schirmgriffhersteller als Beisitzer an.

Auf der Heide wurde 1936 das Legen der Kartoffeln mit dem Pflug vorbereitet. Der „Ferienjunge" Rohrberg durfte beim Fotografieren das Pferd halten, während Gustav Stöber, Auguste und Dorothea Rossi eine Arbeitspause haben.

Bei der Kartoffelernte im gleichen Jahr am Hohen Rain waren als Helfer zugegen: Halbach, „Ferienjunge" Hermann, Wilhelm Gerstenberg, Käthe Niebuhr, Margarete Stöber, Auguste Rossi, Dorothea Rossi und Marie Gerstenberg. Auch für die Kinder Arno Niebuhr sowie Willi und Hildegard Stöber war das Kartoffellesen interessant.

Volksschule Lindewerra 1937 (von oben links): Lehrer Kurt Pinne, Bertine Gerstenberg, Änne Siebert, Toni Degenhardt, Lisbeth Brill, Lina Gerstenberg, Artur Sippel, Helmut Rode, Heinz Sippel, Reinhold Brill, Helmut Gerstenberg, Robert Preßler; Hertha Brill, Hildegard Stöber, Ruth Sippel, Anneliese Sippel, Gerda Rode, Ursel Degenhardt, Erwin Sippel, Siegmund Jäckel, Erwin Gastrock, Günter Degenhardt, Walter Imke, Heino Bühler; Marianne Sippel, Hilde Koch, Gerda Brill, Rosemarie Pinne, Elly Rheinländer, Helga Bühler, Helmut und Hugo Brill, Horst und Erich Sippel, Walter Gerstenberg; Hilda Rode, Ilse Brill, Christa Fütterer, Liselotte Söder, Rita Gastrock, Wilfriede Hagedorn, Berthold Jäckel, Karl Heepe, Walter Brill, Willi Stöber, Erika Gerlach, Irmgard Dörig, Hermann Jäckel, Arno Niebuhr, Walter Imke, Helmut Hottenrott.

An der Roggenernte 1937 hatten auch die Kinder Walter Gerstenberg, Marianne Sippel, Heinrich Gerstenberg, Artur Söder und Herbert Amlung (Halle) ihre Freude.

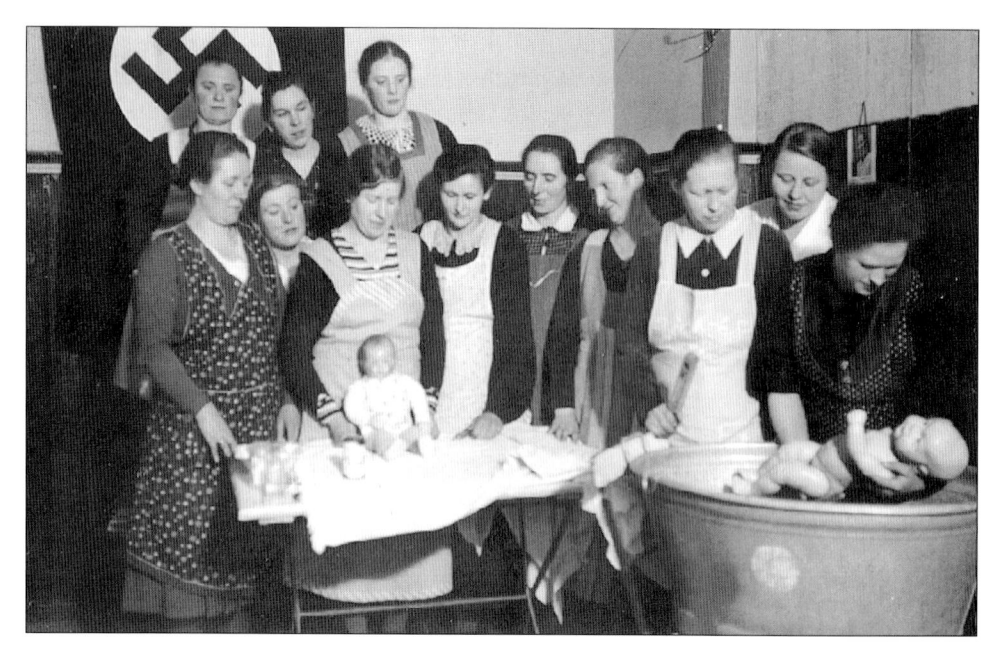

Kenntnisse und Fertigkeiten bei der Säuglingspflege erwarben 1937 Helene Sippel, Grete Hottenrott, Elise Sippel, Lisbeth Apel, Anna Sippel, Frieda Söder, Erna Sippel, Lilly Pinne, Lina Sippel, Gertrud Brill, Martha Sippel und Marie Rheinländer.

Beim fröhlichen Reigen auf dem Kirchhof war im Jahre 1937 die Kindergruppe unter der Leitung von Frau Henning und Frau Pinne anzutreffen (von links): Lisa Heepe, Emmy Gastrock, Wilfriede Hagedorn, Margret, Marianne und Ilse Sippel, Erika Gerlach, Else Brill, Renate Rheinländer, Elsbeth Imke.

Zur Erinnerung an den Beginn der Schulzeit 1938 wurde unter der Linde ein Foto gemacht (von oben links): Walter Gerstenberg, Ilse Sippel, Heino Propf, Lehrer Pinne, Artur Söder, Else Brill, Hubert Sippel, Werner Brill, Heinz Brill, Arno Rheinländer, Emmy Gastrock, Ilse Sippel, Armin Heepe, Renate Rheinländer, Hertha Geyer.

Stolzer Besitzer eines der ersten Motorräder in Lindewerra war Gustav Degenhardt, der im Jahre 1938 mit seinem Sohn Günter auf dem Sozius der DKW-Maschine anscheinend zu einer Fahrt rüstet.

Als dieses Foto 1938 aufgenommen wurde, war die Familie Göbel noch Besitzer des schönen alten Hauses an der Dorfstraße. Über die Familien Rode und Degenhardt gelangte es in der Erbschaftsfolge an Familie Heinzmann.

Auf der Bank vor dem oben abgebildeten Haus ruhte sich 1938 die 86jährige Elise Göbel aus, die 1942 mit 90 Jahren verstarb.

Jubiläumsfoto der Freiwilligen Feuerwehr 1938 (von oben links): Hans Sippel, Erich Hottenrott, Otto Fütterer, Willi Brill, Karl Gastrock, Wilh. Sippel, Albert Propf, Hermann Niebuhr, Wilh. Gerstenberg; Bernh. Brill, Konrad Gerstenberg, Richard Sippel, Konrad Brill, Gustav Rossi, Heinrich Imke, Karl Rheinländer, Willi Geyer, Wilh. Rossi, Oskar Sippel, Karl Geyer; Wilh. Brill, Bezirksbrandmeister Gustav Degenhardt, Wilh. Imke, Karl Bühler, Kreisfeuerwehrführer Rheinländer, Hans Rode.

Das 40jährige Feuerwehrjubiläum 1938 in Lindewerra wurde mit dem 31. Verbandstag des Kreisfeuerwehrverbandes Heiligenstadt verbunden. Zu Appell und Schulübung auf dem Festplatz an der Werra waren 50 Wehren mit 510 Feuerwehrmännern erschienen.

Mit dem Scheuern der Stöcke auf dem Hof der Stockfabrik Söder & Co. waren 1938 Anna Rheinländer, Marie Hedler, Oskar Bühler, Willi Rheinländer beschäftigt.

Zu Himmelfahrt 1939 gab der Gemischte Chor unter der Leitung von Lehrer Kurt Pinne ein Ständchen. Hintergrund ist das Haus von Bürgermeister Willy Geyer (heute Erwin Geyer).

Da sie der gleichen Wehrmachtseinheit angehörten, konnten sie sich 1940 auch gemeinsam fotografieren lassen: die Soldaten Heinrich Brill („Schnieder") und Richard Bühler.

An einem bitterkalten Januartag des Jahres 1941 brach in der Scheune des Gasthauses „Zur Linde" ein Brand aus, der das Gebäude bis auf die Grundmauern vernichtete.

Historisches Bild eines unbekannten guten Fotografen vom westlichen Treppenaufgang zur Lindewerraer Marienkirche

Der gleiche Fotograf hinterließ auch ein Bild mit der Ansicht der alten Bausubstanz in der Sellgasse.

Am Sonntag, dem 8. April 1945, wurde nachts um 3.00 Uhr der Mittelteil der Werrabrücke von einem Sprengtrupp der Wehrmacht wegen der anrückenden amerikanischen Verbände mit vier Fliegerbomben und mehreren Zentnern Dynamit gesprengt. Für 54 Jahre blieben nur die Brückenreste als Male der Erinnerung und Hoffnung.

Der Wiederaufbau der Brücke, der noch 1945 beginnen sollte, unterblieb, als die Werra zur Demarkationslinie zwischen amerikanischer und russischer Besatzungszone wurde. Um wenigstens den Sportplatz wieder herzurichten, traf man sich zu gemeinsamen Arbeitseinsätzen. Beim Zerschlagen der aus der Werra geborgenen Trümmerteile sind 1947 Oskar Bühler und Arno Niebuhr zu erkennen.

1949 spielten in der 1. Fußballmannschaft von Lindewerra: Arno Bühler, Erich Wagner, Hans Geyer, Oskar Bühler, Gustav Gerstenberg, Artur Sippel, Heino Bühler, Hugo Geyer, Walter Gerstenberg, Walter Brill („Menti"), Erwin Gastrock.

Zur 2. Mannschaft gehörten: Theo Beyer (Wahlhausen), Karl Heepe, ein Gastspieler, Wilhelm Brill, Berthold Jäckel, Walter Gerstenberg, Helmut Brill, Siegmund Jäckel, Arno Rheinländer, Horst Sippel.

Bis 1952 konnten sich die Dorfbewohner mittels einer Fähre auf die andere Werraseite übersetzen lassen, wenn sie auf den insgesamt 100 ha umfassenden Feldern, Wiesen und Waldflächen, die zur Gemarkung von Lindewerra gehörten, arbeiten wollten. Fährmann Franz Feigl beförderte hier 1950 Wilhelm Geyer (Onkel Dicker), Hermann Sippel und eines seiner Pferde.

1950 wurden bei Geyers („Miens") die Kartoffeln von Alfred Koch, Willi und Erich Geyer sowie Konrad Degenhardt („Ede") ausgemacht.

Die Lehrerin Frau Peters unterrichtete im Schuljahr 1950/51 in Lindewerra (von oben links): Willi Heepe, Gerda Patzelt, Lieselotte Gürtler, Christa Hübner, Hanna und Gertrud Schmidt, Gerda Sippel, Brunhilde Bühler, Felizitas Hübner, Lina Rheinländer; Walter Propf, Günter Apel, Reinhard Heepe, Werner Höppner, Manfred Sippel, Gerhard Imke, Hans-Karl Heepe, Horst Bühler, Erich Hottenrott, Siegfried Gürtler, Inge Klinke, Bernd Göbel, Marlies Gerstenberg; Kurt Patzelt, Wolfgang Schmidt, Erwin Gesyer, Helga Stöber, Christa Döring, Bärbel Bühler, Hannelore Sippel, Margot Bialas.

Vor der Tür des Gasthauses „Zur Traube" präsentierte sich 1952 eine wackere Kämpferschar, die zu einer „Enzianschlacht" ausgerückt war. (Horst Sippel, Erwin Gastrock, Günter Degenhardt, Fritz Drinkuth, Willi Stöber, Wilhelm Brill, Hugo Brill, Heinz Steinfeld, Heino Bühler)

Im „Eichsfelder Heimatboten" veröffentlichte der Journalist Alfons Rieger am 30. Januar 1954 einen Bildbericht über das „kleine, aber weltbekannte Dörfchen im schönen Werratal" und informierte über die Haselnuß-Schistöcke, die hier von Werner Sippel, Günter Schröder, Heinz Sippel, Bernhard Brill und Karl Nebeling transportiert werden.

Bürgermeister Adolf Keitel war im Januar 1954 zu Gast bei dem ältesten und noch fleißig in der Werkstätte seines Sohnes mitarbeitenden Stockmacher Louis Gastrock (84) und dessen Ehefrau Marta.

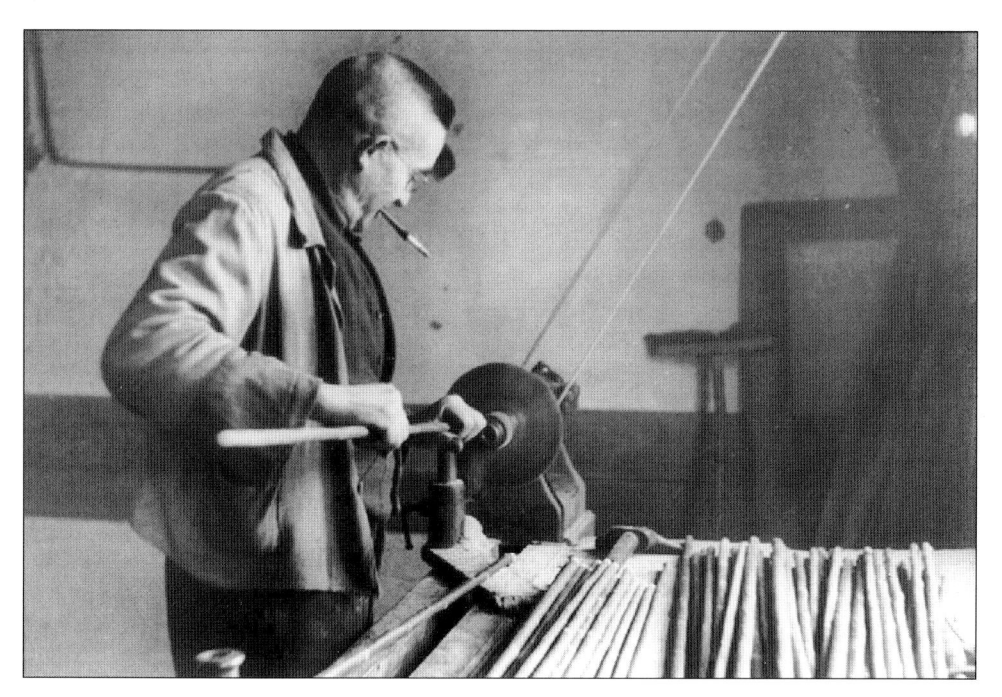

Der Stockmacher Wilhelm Siebert („Schniemärten", „Wißkopp"...) wurde für die Zeitung bei der Anfertigung von Schistöcken fotografiert.

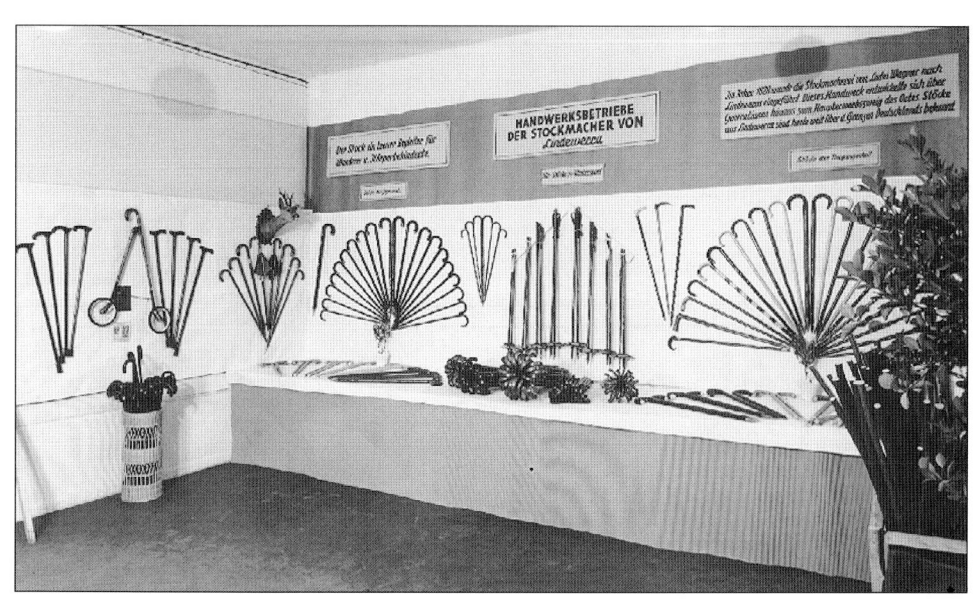

Auf dem Stand der Stockmacher bei der Leistungsschau in Heiligenstadt 1954 wurde informiert: „Die Berufsgruppe der Stockmacher mit ihren heute 21 Betrieben hat es unter der bewährten Anleitung ihres Obmannes, des Stockmachermeisters Hans Karl Wagner, zu beachtlichen Erfolgen gebracht. Exportlieferungen gehen nach Island und nach Westdeutschland..."

Auf dem Sportplatz an der Werra stand die Dreschmaschine, die von den Kleinbauern von Lindewerra gemeinsam genutzt wurde. An einem Augusttag 1954 waren dort u. a. tätig: Richard Sippel, Kurt Gottschall, Anna Klinke und Konrad Degenhardt.

Weil die „werktätigen Bauern" Lindewerras im August 1954 als erste des Kreises ihr Getreidesoll an den Staat ablieferten, wurden sie geehrt, und Richard Sippel („Millions-Richard") erhielt von einem Volkspolizisten stellvertretend für alle einen Blumenstrauß, in dem eine Flasche Korn versteckt war.

„Eichsfelder Heimatbote" am 21.8.1954: „Prösterchen! Reihum geht die Flasche Nordbrand, und es schmeckt nach der Arbeit. Lustige Volksweisen begleiten den gründlichen Blick, den die Erntehelferin Anna Ruder in die Flasche wirft." Weiterhin sind Marie Gerstenberg, Arno Felizak (verdeckt) und Else Geyer mit Sohn Werner zu sehen.

Mit Transparenten und Fahnen war der russische SIS-LKW geschmückt, auf dem das Getreide in Begleitung junger Männer am 10.8.1954 aus Lindewerra nach Heiligenstadt gebracht wurde.

Eine Fotopause beim Holztransport legten an der Kreuzung Friedensstraße/Straße zur Einheit Hans Geyer, dessen Lehrling Erich Volkmar (Asbach), Hermann Sippel und Wilhelm Geyer („Onkel Dicker") ein (1954).

Mit einem Kuhgespann fuhren 1954 Frieda Degenhardt, Erich Geyer, Dorettchen und Alfred Koch ihr Heu vom Seilweg ein.

Die Sicht vom „Katterberg" zum Dorfplatz hat sich nach dem Abriß des Gemeindehauses (1962) und des alten Spritzenhauses (1992) entscheidend verändert.

Um den Eltern die Versorgung ihrer Kinder während der Ernte zu erleichtern, wurde mehrere Jahre ein „Erntekindergarten" eingerichtet, in dem Lisbeth Apel die Kinder betreute: Jutta Bühler, Uwe Schmelz, Edgar Siebert, Siegfried Sander, Gerda Propf, Helmut Hientzsch, Bärbel Geyer, Marlene Sippel, Waltraud Brill, Ingrid Bühler. Jutta Bühler verh. Pudenz war zuvor die erste Betreuerin dieses Erntekindergartens. Weil sie angeblich zusammen mit den Kindern amerikanischen Soldaten am anderen Werraufer zugewinkt haben sollte, durfte sie diese Tätigkeit nicht weiter ausüben.

Die Pflasterung der Dorfstraße zählte zu den größten Wünschen der Bürger Lindewerras. Bürgermeister Ludwig Haase berichtete: „Durch mehrere Prämien für vorfristige Ablieferung des Getreides und für vorbildliche Arbeit im Nationalen Aufbauwerk haben wir den Grundstock für die Pflasterung unserer Straße geschaffen." 1955 waren die Kanalisierungsarbeiten im vollen Gange. (Nikolaus Ruder, Gustav Gerstenberg u. a. vor „Überhops")

Mit dem Antransport und dem Verlegen des Granitpflasters wurde 1956 am südlichen Anfang der Dorfstraße begonnen. „Das Volk" informierte, daß 1956 in freiwilliger Arbeit 5520 Arbeits- und 395 Gespannstunden geleistet wurden und der erste Bauabschnitt erledigt sei.

Den für die Kanalisationsarbeiten und die Pflasterung erforderlichen Kies gewann man 1956 in der Kiesgrube an der Werra, wofür mit der Arbeit bereits morgens um 4.00 Uhr begonnen wurde. Im Bild: Wilhelm Geyer („Onkel Dicker"), Karl Söder, Erwin Gastrock, Heinz Sippel.

Am Himmelfahrtstag 1957 unternahmen die Mitglieder des Männergesangvereins unter dem Motto „Weg von Muttern" einen beschwingten Ausflug nach Wahlhausen.

Im feierlichen Zug wurden die Schulanfänger Margot Gerstenberg, Harry Geyer und Marlene Sippel 1957 vom Erntekindergarten verabschiedet und zur Schule begleitet.

1957 gingen die Kanalisationsarbeiten im Bereich des Dorfangers und der Seitengassen weiter, und der 2. Bauabschnitt der Pflasterung konnte in Angriff genommen werden. Erdarbeiten verrichteten hier u. a. Hugo Geyer, Walter Görlitz, Walter Siebert und Hans Geyer.

Originaltext in „Das Volk" vom 10.10.1957: „Nahe der unseligen Grenze, die noch immer Deutschland in zwei Teile spaltet, befindet sich die Kiesgrube von Lindewerra. Wo früher mühsam mit Hacke und Schaufel gearbeitet wurde, wirkt jetzt ein moderner Bagger. In diesem Jahr wurden bisher 12.000 Tonnen Kies gewonnen..." Hier arbeiteten jahrelang Albert Propf, Günter Degenhardt, Bruno Schmelz, Adalbert Hey.

1958 konnten sich die Bürger Lindewerras über die fertiggestellte, saubere Dorfstraße freuen, und eine neu gepflanzte Linde markierte wieder den historischen Dorfanger.

Am 8. und 9. Juni 1957 feierte der Volkschor „Männergesangverein Lindewerra" in Anwesenheit von fünf Gastchören mit Umzug, Wettsingen und gemütlicher Feier sein 75jähriges Bestehen. Karl Nebeling, Oskar Bühler und Erhard von Rüden führten den Festzug an. Rechts u.a. Hermann Niebuhr und die Ehrendamen.

Die Sänger mit den Ehrendamen auf der Festbühne: Friedel Sippel, Anneliese Geyer, Ilse Sippel, Hans Geyer, Karl Sippel, Erwin Gastrock, Karl Nebeling, Hermann Niebuhr, Karl Söder, Konrad Degenhardt, Gerda Sippel, Brunhilde Bühler; Bärbel Bühler, Louis Gräbedünkel, Robert Preßler, Kurt Geyer, Werner Sippel, Wilh. Gerstenberg, Hugo Geyer, Karl Gastrock, Kurt Gottschall, Ilse Sippel; Hannelore Sippel, Oskar Bühler, Helga Stöber, Wilh. Brill, Hans Karl Wagner, Bernd Göbel, Richard Felizak, Wilh. Geyer, Hermann Peter, Hans Heepe, Joh. Gerstenberg, Margret Sippel, Hertha Geyer, Karl Bühler, Karl Geyer, Erich Geyer, Konrad Gerstenberg, Walter Sippel, Christoph Stimmer, Willy Geyer, Ludwig Haase.

Beim Kinderfest 1958 beteiligten sich am Rollerrennen auf der Dorfstraße: Harry, Ingrid, Bärbel und Wolfgang Geyer, Jutta Bühler und Werner Geyer.

„Spinnstuben" heißen noch heute in Lindewerra freundschaftlich miteinander verkehrende und feiernde Famlien. Zu Weihnachten 1958 trafen sich traditionsgemäß Gustav Rossi, Lina Sippel, Auguste Rossi, Lina Bühler, Anna Rossi, Erna Knop, Lisbeth Apel, Heinrich Sippel, Wilhelm Imke, Karl Bühler, Walter Sippel, Lene Sippel.

Am 1. März 1959 heirateten Horst Sippel und Anneliese geb. Geyer. Neben dem Brautpaar sind die Eltern, Stockmacher Wilhelm Sippel und Frau Erna, Landwirt und ehemaliger Bürgermeister Willy Geyer und Frau Berta, vor der großen Feiergesellschaft auf „Giegers" Hof zu sehen.

Einen Sonntagsspaziergang in das Filch unternahmen Günter und Hilda Degenhardt, Bertchen Brill, Anna Weber, Hertha Geyer, Anneliese Sippel mit Söhnchen Fred, Brigitte Sippel, Gertrud Gastrock.

„Am 21. Februar 1961 gegen 18 Uhr brach in der Scheune des Bürgers Jäckel ein Brand aus Das Wohnhaus und die Konsumgaststätte waren aufs äußerste gefährdet... Der FFw. Lindewerra gelang es gemeinsam mit den Kameraden aus Wahlhausen, den Brand in kurzer Zeit unter Kontrolle zu bringen..." („Das Volk", 23.2.1961)

Ein lange, gern und ausgiebig gepflegter Brauch bei der Kirmes war das Ständchenspielen auf den einzelnen Grundstücken. Beim Ständchen für Familie Propf in der Mittelgasse ging 1961 selbstverständlich auch die Schnapsflasche reihum, und der gute Tropfen wird von Günter Degenhardt an Karl Nebeling („Hase") gereicht.

Am Rande der Kirmesfeierlichkeiten fotografiert: Zwei rastende Grenzpolizisten sowie Gustav Stöber mit Enkel Harald und Richard Felizak.

Mit einem Mähbinder, den Bruno Schmelz hier beaufsichtigte, wurde 1961 ein Feld am Dorfberg abgeerntet.

1960 erhielt Lindewerra einen Staatlichen Kindergarten. Die Kindergartenleiterin Lisa Würschmidt und Helferin Lisbeth Apel sorgten 1962 u. a. für einen inhaltsreichen Tagesablauf für Gitta Geyer, Gudrun Gastrock, Brigitte Marschik, Herbert Propf, Rainer Marschall, Lothar Sippel, Jürgen Degenhardt, Manfred Bühler; Rüdiger Gastrock, Uli und Ekkehard von Rüden, Ute Brill, Roswitha Sippel, Frank Heinrich, Lothar Faulwasser.

Die Internationale Gartenbauausstellung in Erfurt (iga) lockte 1962 auch Interessenten aus Lindewerra an, und zwar Karl Heepe, Karl Bühler, Wilh. Gerstenberg,, Richard Sippel, Gustav Stöber, Gustav Degenhardt, Berta Geyer, Erna Gerstenberg, Martha Fütterer, Frieda Söder, Emma Degenhardt, Martha Sippel.

Nach 1961 wurden die Grenzanlagen ausgebaut und verstärkt. Am Werraufer verlief ein doppelter Stacheldrahtzaun, der an die Brückenruine grenzte. Auf der Brücke war zunächst Stacheldraht ausgerollt.

Im Rahmen des Nationalen Aufbauwerkes (NAW) wurden 1967 weitere freiwillige Arbeitseinsätze zur Verbesserung der Straßen geleistet. Robert Preßler, Wilhelm Bühler, („Fürst", „Ellerwilhelm") Horst Bühler und Hermann Vogeley arbeiteten in der Totengasse.

In der Mittelgasse breiteten im Juli 1967 Kurt Gottschall und Albert Propf den Schotter aus. Ihnen schauten während der Ferienspiele Manfred Bühler, Uli und Ekkehard von Rüden, Volker Gastrock, Ute Brill und Erhard Heinrich zu.

Mit dem Zuschauen waren die Ferienspielteilnehmer nicht zufrieden; sie wollten selbst mithelfen: Herbert Propf, Lothar Faulwasser, Jürgen Degenhardt, Klaus-Jürgen Krause, Uli von Rüden, Manfred Bühler, Lothar Sippel, Erwin Brill, Rainer Marschall.

69

Nachdem die Sellgasse, die Kirchstraße, die Mittelgasse, die Totengasse und die Straße zur Einheit eine Asphaltdecke erhalten hatten, wurde im August 1967 auf dem Dorfplatz ein Straßenfest gefeiert, das vielen in Erinnerung blieb. Bürgermeister Franz Schlumm und Ratsmitglied Erich Geyer überreichten dem 73jährigen Konrad Degenhardt für seine fleißige Arbeit einen Präsentkorb.

Zum Feiern hatten sich die alten Herren der Gemeinde zusammengefunden: Konrad Degenhardt, Johannes Gerstenberg Wilhelm Sippel, Karl Bühler, Richard Bühler, Willi Brill, Heinrich Sippel, Karl Gastrock, Walter Görlitz.

Eine fröhliche Feierstimmung während dieses Straßenfestes gab es auch bei Wilhelm Bühler, Hans Geyer, Hugo Geyer, Lisbeth Geyer, Hilde Peter und Meta Bühler.

Zum Kaffeetrinken hatten Dorette Koch, Lina Propf und Frieda Degenhardt Platz genommen. Gerda Propf bediente sie. Etwas weiter hinten saßen Minna Rothe, Elisabeth Gastrock, Emma Degenhardt und Marie Gerstenberg.

Gute Verbindungen bestanden zwischen Lindewerra und dem Heiligenstädter Kulturorchester dank des Musikers Erich Geyer und der engagierten Arbeit des Dorfklubs, dem viele Jahre Friseurmeister Kurt Geyer vorstand.
Unter der Stabführung von Musikdirektor Philipp Liesenfeld gastierte das Staatliche Orchester Heiligenstadt am 12. Mai 1968 zum 50. Mal in Lindewerra. Diese Anzahl von Auftritten dürfte Einmaligkeitswert besitzen.

Als Dank für schöne und erlebnisreiche Stunden überreichten Kinder an die Musiker blumenumkränzte Wanderstöcke. Auf ihren Auftritt warteten Petra Bühler, Gudrun Gastrock, Manfred Faulwasser, Gitta Geyer, Uli von Rüden, Lothar Faulwasser, Herbert Propf, Erwin Brill, Manfred Bühler, Brigitte Marschik, Klaus-Jürgen Krause, Erich Pohler, Lothar Sippel, Gunter Gastrock, Jürgen Degenhardt.

Obwohl in der Polytechnischen Oberschule Wahlhausen nur 8 Klassen mit ca. 90 Schülern unterrichtet wurden, bestand dort zwischen 1965 und 1971 ein Schulchor mit etwa 40 Sängerinnen und Sängern, die unter Leitung des Lehrers Josef Keppler zu feierlichen Anlässen auftraten und bei Kreisausscheiden beachtliche Erfolge errangen.

Beim Bau einer Buswartehalle am Hirtenrasen, einem lange und heiß diskutierten Projekt, halfen 1968 Bürgermeister Franz Schlumm, Karl Gastrock, Karl Heepe, Heino Bühler, Hermann Vogeley, Günter Degenhardt, Hugo Brill.

Erhard von Rüden übernahm am 12. Juni 1952 die einklassige Dorfschule in Lindewerra, bevor er ab 1959 als Direktor die Polytechnische Oberschule Wahlhausen leitete. 1971 wurde das „Oberschulkombinat Wüstheuterode/Wahlhausen" gegründet. Bis 1966 unterrichtete Annemarie von Rüden in Lindewerra die 1. und 2. Klasse.

Viel Spaß hatten die Kindergartenkinder in phantasievollen Kostümen bei ihrem alljährlichen Faschingsumzug durch das Dorf. Mit ihrer Kindergartenleiterin Lisa Brill waren 1973 unterwegs: Petra Keppler, Renate Stöber, Anita Sippel, Gerhard Propf, Holger Sippel, Katrin Heinrich, Margit Rode. Zeitweise war Margot Althaus als Helferin tätig.

Vom 26. bis 28. Juli 1974 wurde in Lindewerra die 675-Jahr-Feier der urkundlichen Ersterwähnung mit vielen Veranstaltungen gefeiert. Zu einem rustikalen Umtrunk hatten sich zusammengefunden: Reinhard Jonen, Heino Bühler, Richard Felizak, Günter Degenhardt, Erwin und Christa Gastrock, Hugo Brill, Herbert Propf, Lothar Sippel, Lothar Faulwasser.

Für die Kinder gab es anläßlich des Dorfjubiläums sportliche Wettstreite unter dem Motto „Mach mit, mach's nach, mach's besser! Beim Überwinden einer Hindernisstrecke wurde Helga Rode von ihren Mannschaftskameraden gebührend angefeuert.

75

Unter den Klängen des Liedes „Jo, mir saan mit'm Radl da..." trafen die Radler Hugo, Erich, Hans und Kurt Geyer zur Kirmes 1974 im Saal ein.

Beim Sommerfest im Juli 1975 gab es die beliebte Erbsensuppe aus der Gulaschkanone, die Michael Böhme u. a. an Armin Kehler, Gustav Rossi und Nikolaus Ruder austeilte.

Beim Fußballspiel anläßlich des Sommerfestes 1975 auf dem Kleinfeldsportplatz zwischen Stadtweg und dem Grundstück Pohler/Geyer gab es mit Erich und Hans Geyer gleich mehrere Torsteher.

Bunte und vielgestaltige Kirmesumzüge gehören zur Tradition Lindewerras. 1975 trat eine historisch kostümierte Gruppe auf: Scharfrichter Hans-Joachim Streit, die drei Musketiere Klaus Ritter, Walter Propf, Manfred Dölle, der Cowboy Herbert Wunderlich, der Indianer Andreas Hensel, der Mönch Josef Keppler und der Landsknecht Wolfgang Geyer (kniend).

An dringend erforderlichen Umbau- und Renovierungsmaßnahmen am Gemeindesaal beteiligten sich im Jahr 1978 zahlreiche Einwohner des Dorfes. Für ein Pressefoto nahmen die hier abgebildeten Bürger stellvertretend für viele fleißige Helfer Aufstellung und zeigten symbolisch die neuen Gardinen nebst Besen und Schaufel: Regina Kehler, Ingrid Streit, Horst Kehler, Hilde Rode, Dora Preßler, Helmut Rode, Fred Dölle, Armin Kehler, Hartmut Heinrich, Uwe Kehler, Werner Brill, Wolfgang Geyer, Erwin Gastrock, Hans Geyer.

Am 18. August 1978 fand ein Festakt der Gemeindevertretung zur feierlichen Übergabe des rekonstruierten Gemeindesaales statt, zu dem alle Einwohner eingeladen waren. Die Westseite des Saales schmückten Gemälde des Uderaner Lehrers Artur Riese mit typischen Lindewerra-Motiven auf Kupferplatten.

Bürgermeister Armin Kehler übergab den symbolischen Schlüssel für den hellen, freundlichen Gemeindesaal an den Dorfklubvorsitzenden Kurt Geyer und dankte 88 Einwohnern, die freiwillig insgesamt 2620 Arbeitsstunden geleistet hatten.

Friseurmeister Kurt Geyer bedankte sich in seiner Eigenschaft als Vorsitzender des Dorfklubs bei den aktivsten Helfern und überreichte mit heiteren Versen kleine Geschenke, wie hier an Erich Geyer.

Für einen Zeitungsbericht wurden der Stockmacherobermeister Oskar Bühler und sein Mitarbeiter Richard Felizak im August 1978 im Backhaus der Stockmacherwerkstatt beim Richten der Wanderstöcke fotografiert.

Zu den beliebtesten volkstümlichen Sendungen des Fernsehens der DDR rechnete man den „Oberhofer Bauernmarkt". Am 1. April 1979 gaben der Obermeister Oskar Bühler und Stockmachermeister Wolfgang Geyer ihr Debüt als Gesprächspartner im Fernsehen und stellten erstmals das Stockmacherhandwerk von Lindewerra auf dem Bildschirm vor. Während Wolfgang Geyer das Anbiegen des Stockgriffes zeigte, antwortete Oskar Bühler der Moderatorin Gisela Matzke auf ihre Fragen zur Handwerksgeschichte.

Obwohl der Himmelfahrtstag viele Jahre kein offizieller Feiertag war, geriet bei den Männer von Lindewerra die langjährige Tradition nicht in Vergessenheit. Erwin Brill, Heino Bühler, Erwin Geyer, Herbert Wunderlich, Walter Propf, Gerhard Rossi, Günter Degenhardt, Wilfried Brill u. a. trafen sich zur Vatertagsfeier 1980 am Müllerhäuschen.

Aus der Angabe in verschiedenen Unterlagen, Wilhelm Ludwig Wagner habe das Stockmacherhandwerk im Jahre 1830 nach Lindewerra gebracht, erwuchs die Idee zur 150-Jahr-Feier des Stockmacherhandwerks im Juli 1980. Dazu wurde mit dorfinternen Mitteln eine Postkarte geschaffen. Hans-Joachim Streit fertigte eine Zeichnung, Erich Geyer die Schrift und Josef Keppler die Fotos an und vervielfältigte die gefragte Ansichtskarte.

Für das Stockmacherjubiläum wurden zum wiederholten Male alle 32 Arbeitsgänge fotografiert, die zur Stockherstellung erforderlich sind. Karl Heepe („Überhops Karl") heizte den Backofen, in dem einst das Trocknen der Stöcke erfolgte.

Der Stockmacher Willi Brill am „Katterberge" demonstrierte das Kitten des Stockgriffes.

Wilhelm Bühler wurde beim Rundfräsen des Griffendes angetroffen.

Stockmachermeister Helmut Rode fräste die Stockspitze an.

Am 4. Juli 1980 wurde im ehemaligen Kontor der Stockfabrik Söder & Co., zu dieser Zeit vom Stockmacher Oskar Bühler benutzt, eine museale Ausstellung über die Geschichte des Stockmacherhandwerks und den Werdegang des Stockes eröffnet.

Neben vielen anderen interessierten Gästen konnte Obermeister Oskar Bühler auch Böttchermeister Andreas Fromm aus Heiligenstadt im Museum begrüßen.

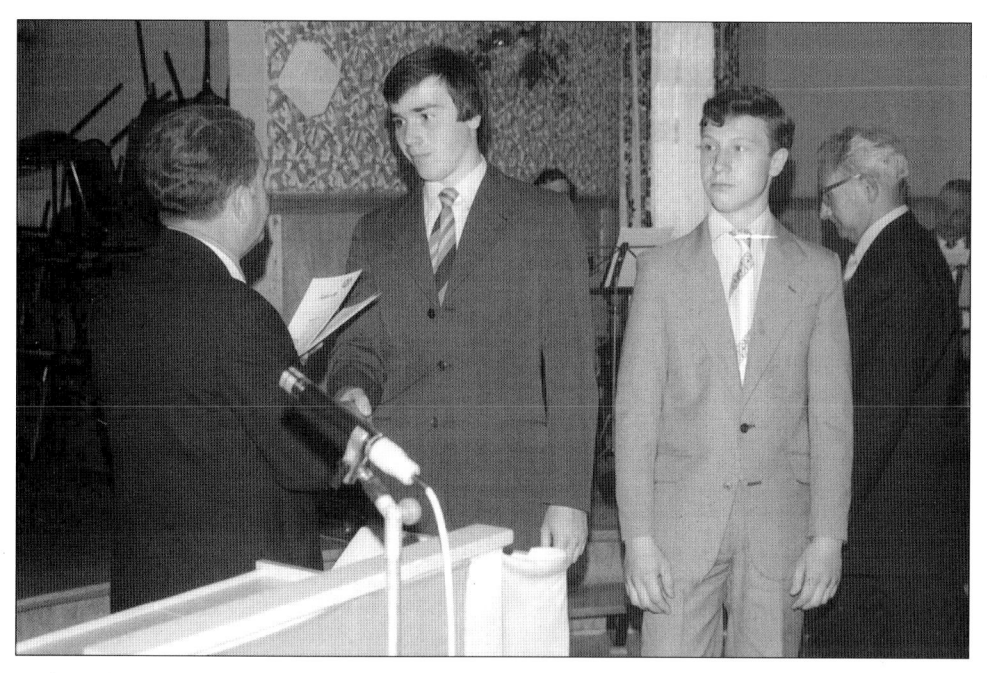

Während der Festveranstaltung zum Stockmacherjubiläum am 4. Juli 1980 im Gemeindesaal, bei der Ehrungen vorgenommen wurden und das Staatliche Orchester ein Konzert gab, überreichte der Geschäftsführer der Kreishandwerkskammer, Egon Schwenke, feierlich das Facharbeiterzeugnis an die jüngsten Stockmacher Wilfried Brill und Fred Sippel.

Einem ausgiebigen Frühschoppen mit illustren Gästen am Sonnabend, dem 5. Juli 1980, folgte ein Platzkonzert des Standortmusikkorps Plauen, zu dem sich viele Gäste auf dem Dorfplatz einfanden.

Ganztägige gewittrige Niederschläge am 3. Juni 1981 verursachten im Eichsfeld die ausgedehntesten Überschwemmungen der letzten 25 Jahre. Nachdem am Morgen des 4. Juni Schlammassen über den Stadtweg in das Dorf eingedrungen waren, stieg in den Nachmittagsstunden die Werra in nie beobachteter Geschwindigkeit. Aus dem am meisten gefährdeten Grundstück Am Rasen trieben Herbert und Ingo Wunderlich sowie Hugo Geyer, Berthold Brill und Wolfgang Geyer die Schweine heraus.

Gegen 16.00 Uhr stand das Wasser Am Rasen fast kniehoch und erreichte sogar die Häuser auf der anderen Straßenseite (Grundstücke von Hugo Geyer und Martin Helfrich).

Einen alten Werrakahn zauberte Frank Heinrich in den Abendstunden hervor. Mutig befuhr man mit ihm Wunderlichs Hof bis fast zum Grenzzaun.

Für alle Fälle wurde die Menschenrettung in heiterer Form probiert und demonstriert. Harry Geyer trug die 77jährige Guste Rossi zum Boot, das Wolfgang Geyer hielt. Als „Gutachter" wirkten u. a. Lina Propf und Klaus Ritter.

Im Jahr 1982 wurden mehrere leerstehende bzw. baufällige Häuser abgerissen. Das Haus, in dem zuletzt Kochs Dorettchen noch allein gewohnt hatte, war eines der ersten.

Dieses Haus in der Mittelgasse gehörte Karl Gastrock („Rabens Vetter") und trug später auch den Beinamen „Josephsburg". Die angebaute Stockmacherwerkstatt wurde bis Ende der 60er Jahre genutzt.

Aus der Mittelgasse verschwanden auch das Wohnhaus der Familie Bernhard Brill und an der Ecke zum Rasen die ehemalige Schlachterei Reum.

Besucher auf der anderen, der westlichen Werraseite wurden beim Blick auf das greifbar nahe Lindewerra um 1982 u. a. durch das Schild „Werramitte Zonengrenze" gewarnt und mußten als abstoßende Zeichen der Teilung Deutschlands den Beobachtungsturm auf dem Brückentorso und den schwarzen Streckmetallzaun zur Kenntnis nehmen.

Den Kirmesumzug des Jahres 1982 führten Margit Rode mit der Kirmesfahne und die beiden Kirmesburschen Adolf Klingebiel und Bernward Althaus an.

Die Jahreshauptversammlungen der Freiwilligen Feuerwehr zählten zu den jährlichen Höhepunkten der örtlichen Wehr. Seit 1979 trug sie den Titel „Vorbildliche Freiwillige Feuerwehr". Der Wehrleiter, Oberbrandmeister Heino Bühler, freute sich auch im Jahr 1982 über die Leistungen seiner Kameraden.

Für Faschingsssstimmung in der Konsum-Gaststätte sorgten am Rosenmontag 1983 u. a. Klaus und Gerda Ritter, deren Foto gewiß als Autogramm-Postkarte dienen könnte.

Der größte Teil der in Lindewerra hergestellten Edelkastanien-Wanderstöcke ging als Exportgut in das NSW („nichtsozialistisches Wirtschaftsgebiet"). Der Lkw, der die Stöcke nach Spangenberg, Wien o. a. bringen soll, wurde auf der „Brückenstraße" von Harry Geyer, Gerhard Rossi, Hans-Karl Wenzel (Einkaufs- und Liefergenossenschaft des holzverarbeitenden Handwerks), Oskar und Wilhelm Bühler beladen, bevor von der Zollverwaltung die Plombe angebracht wurde (1983).

Viele Familien hielten auch noch in den 80er Jahren ein eigenes Schwein bzw. kauften es bei einem Bauern aus dessen individueller Produktion. Der Hausschlachter Hugo Brill („Mührs Hugo") schlachtete bei Hans und Lisbeth Geyer, wobei ihm Dieter Hempfe und Hermann Peter bei der Herstellung der begehrten „Stracken" halfen.

Am 3. Dezember 1983 verarbeitete der Hausschlachter Walter Propf in Oskar Bühlers Backhaus dessen selbst gefüttertes Schwein. Als Helfer waren (außer dem Fotografen) u. a. Richard Felizak, Lisbeth Apel, Heino und Lina Propf zugegen.

Um den Import einzuschränken, sollten in Lindewerra selbst Edelkastanien gezogen werden. In einem gemeinsamen Arbeitseinsatz setzten Stockmacher am 23. April 1983 die ersten Stecklinge auf dem Grundstück von „Brumeisters". Im Bild: Wolfgang Geyer, Hartmut Heinrich, Horst und Oskar Bühler.

Zur Erleichterung der anstrengenden Arbeit des Anbiegens ließ Stockmachermeister Wolfgang Geyer von Dipl.-Ing. Werner Weber und Uwe Hartleib vom Eichsfelder Bekleidungswerk eine Anbiegemaschine entwickeln und bauen. Am 8. Februar 1984 erhielt mit diesem Gerät der erste Wanderstock erfolgreich seinen „Haken".

Am 24. Juni 1984 traten auf dem Wahlhäuser Sportplatz mehrere Damenmannschaften zum Fußballspiel gegeneinander an. Die Trainer der Lindewerrschen Mannschaft, Manfred Preßler und Manfred Felizak, betreuten Birgit Gastrock, Ines Dölle, Elke Felizak, Roswitha Preßler, Dorle Geyer, Sabine Sippel, Katrin und Martina Heinrich, Manuela Trebstein und Ute Brill.

Über Jahrzehnte gehörte das bunte Kinderkarussell, die Schießbude und die Luftschaukel von Lorenz Stein aus Heuthen als Selbstverständlichkeit - wie hier im August 1984 - zur Kirmes von Lindewerra

Nach Umbau- und Renovierungsarbeiten wurde die Konsum-Verkaufsstelle am 7. Oktober 1984 in feierlicher Form wieder zur Nutzung übergeben. Dem feierlichen Akt wohnten bei: Wolfgang Geyer, Walter Marschik, Heino Bühler, Bürgermeister Manfred Dölle, Hermann Peter, Helmut Lücke (Konsum-Kreisvorstand), Kurt Geyer, Dieter und Margot Trebstein, Martina Heinrich, Regina Kehler, Ingrid Streit, Christa Helfrich, Bärbel Hartleib, Erika Dölle.

Vor den wohlgefüllten Regalen des rekonstruierten Verkaufsraumes konnten Heino Bühler, Margot und Verkaufsstellenleiter Dieter Trebstein sowie Martina Heinrich für die Dorfchronik fotografiert werden.

Zu einem eindrucksvollen Höhepunkt gestaltete sich das gemeinsame Chorkonzert des Staatlichen Orchesters Heiligenstadt mit dem 60köpfigen Männergesangverein Arenshausen am 3. November 1984 im Gemeindesaal, bei dem der Chorleiter Arnold Werner Orchester und Chor dirigierte. Während die Einwohner ihre Begeisterung über den meisterhaften Gesang äußerten, freuten sich die Sänger besonders über die Möglichkeit, nach vielen Jahren wieder im Grenzort Lindewerra auftreten zu dürfen.

Einmal im Jahr erhielten die Stockmacher und ihre Angehörigen in den 80er Jahren die Genehmigung zu einer Feier auf der Teufelskanzel. Den Blick ins Tal und manch anderes genossen im September 1984 Gerd Brill, Helmut Rode, Ilse Brill, Gisela und Oskar Bühler, Hans Geyer, Bruno und Mariechen Schmelz, Wolfgang Geyer, Hilde Rode.

Bei mehreren Einsätzen mähten Männer der Gemeinde die Straßengräben vom Ortseingang bis zur Gemarkungsgrenze nach Wahlhausen. Nach dem fröhlichen „Mäherfest" am Teich rüsteten sich Walter Propf und der im ganzen Dorf für seinen schier unstillbaren Appetit bekannte Hund Nicky in den späten Nachmittagsstunden des 31. Mai 1986 für den Heimweg.

Zu einem musikalischen Frühschoppen gastierte die Silberhäuser Blaskapelle am 21. September 1986 im vollbesetzten Gemeindesaal. Guter Dinge waren am „Saal-Stammtisch" Hermann und Hilde Peter, Kurt und Hans Geyer, Elli Felizak, Oskar und Gisela Bühler, Erich Geyer, Walter und Dora Siebert, Erika und Manfred Dölle, Elly und Lisbeth Geyer, Wilhelm Brill.

Der Frühschoppen löste eine solche Begeisterung aus, daß Musiker und Einwohner mit einem LPG-Bus am Nachmittag zum Teich fuhren, wo der 80jährige Dirigent der Silberhäuser Blaskapelle, Aloys Solf aus Dingelstädt, als Solist auftrat und die „Post im Walde" blies.

Viele Einwohner nutzen das außergewöhnliche musikalische Angebot am „Naherholungsgebiet" beim Teich und ließen sich auch von Natur und Kultur wie hier Ursel Stöber, Heino Propf, Willi Stöber, Bertchen und Werner Brill bezaubern.

Im Oktober 1986 drehte das DEFA-Studio für Dokumentarfilme Kurzfilme über das Eichsfeld und den Bezirk Erfurt, um diese Region auch im Ausland vorstellen zu können. Einer der Drehorte war die Werkstatt von Stockmachermeister Gerhard Rossi.

Ab 1981 unternahmen Walter Propf, Benno Heinrich, Josef Keppler, Klaus Ritter, Wolfgang Geyer und Herbert Wunderlich gemeinsame Wanderungen durch das Eichsfeld und andere Wandergebiete. Die Bezeichnung „Lindewerrsche Wandervögel 1981" trugen sie schon, als sie 1986 auf ihrer Rhönwanderung rasteten.

Mit einer gemeinsamen Damen-Fußballmannschaft traten Lindewerra und Wahlhausen beim Sportfest am 26. Juni 1987 gegen die Mädchen aus Günterode an. Es kämpften um den Sieg: Heike Seiler, Dorothee Bühler, Petra, Silke und Sabine Keppler, Birgit Görbing, Silvia Windus, Katrin Heinrich.

Ein schweres nächtliches Gewitter am 17. Juli 1987 verursachte bis zu 30 cm hohe Schlammablagerungen auf der Dorfstraße und in der Mittelgasse, die in den Morgenstunden u. a. von der Feuerwehr und anderen Helfern beseitigt wurden. Im Bild: Erich Pohler und Benno Heinrich beim Schlammräumen.

Während des Umzugs am Kirmessonntag (30. August 1987) wurde nach langer Zeit wieder den am anderen Werraufer stehenden Zuschauern ein Ständchen gespielt. Bei der Kapelle handelt es sich um die Silberhäuser Blasmusikanten.

Lindewerra gehörte zu den letzten Dörfern des Kreises Heiligenstadt, die über keine zentrale Wasserversorgung verfügten. Nachdem die Planungsphase beendet und der zu schaffende Wert von gut einer Million Mark feststand, konnten die zu umfangreichen Eigenleistungen bereiten Bürger im Oktober 1984 mit den Erdarbeiten für die Steigleitung zum Hochbehälter auf dem Dorfberg beginnen. Das Bild zeigt Martin Helfrich, Walter Gastrock u. a.

1985 wurden die Wasserleitungsrohre Über den Höfen, am Hirtenrasen, an der Dorfstraße und in der Ludwig-Wagner-Straße gelegt und der Hochbehälter mit einem Fassungsvermögen von 100 m³ gebaut. Im Juli 1985 war der nördliche Bereich der Dorfstraße nicht befahrbar und einige Grundstücke nur über schmale Bretterstege zu erreichen.

Von 17.00 Uhr bis nach Einbruch der Dunkelheit liefen fast täglich Arbeitseinsätze, an denen oft bis zu 30 Männer teilnahmen. Sand zur Einbettung der Rohre in der Kirchstraße transportierten im Juni 1986 Fred und Hugo Sippel. Im Graben arbeitete Uwe Hartleib.

Für einen weiteren Arbeitseinsatz Am Rasen rüsteten sich am 10. Juni 1986 Werner Brill, Herbert Wunderlich, Manfred Dölle, Harald Brill, Wolfgang Geyer und Walter Propf. Wenn eine Entscheidung des Bürgermeisters erforderlich war, brauchte man ihn nicht im Bürgermeisteramt zu suchen. Meist steckte er in einem der Gräben und legte selbst mit Hand an.

Die Arbeiten wurden nicht nur von den Anliegern erledigt. Arbeitsbereich für alle war dort, wo es notwendig war und jeder griff dort zu, wo er gebraucht wurde. Bei den Arbeiten in der Straße zur Einheit half im Juli 1986 u. a. Walter Gastrock.

Nach der Rohrverlegung im vorderen Teil der Dorfstraße wurden die Gräben z. T. in manueller Arbeit wieder geschlossen, wobei hier Ende Juli 1986 Dieter Trebstein, Andreas Hensel und Erich Geyer tätig waren.

Nachdem insgesamt 3,2 km Rohre verlegt waren und aus 62 Hausanschlüssen Wasser entnommen werden konnte, feierte das ganze Dorf am 4. April 1986 das „Wasserfest". Bürgermeister Manfred Dölle zeichnete die Bürger aus, die die meisten Stunden geleistet hatten: Uwe Hartleib, Berthold Brill, Erich und Hans Geyer, Walter Siebert.

Im Auftrag des Gemeinderates überreichten Walter Propf und Heino Bühler dem Bürgermeister Manfred Dölle für sein außerordentliches Engagement beim Wasserleitungsbau einen Gutschein für einen Ferienplatz in Oberhof. Scherzhafte Anerkennung erfuhr er zusätzlich durch Verleihung des Ehrentitels „Wassermann".

In den späten Abendstunden traf auch der legendäre Namensgeber für die Teufelskanzel mit einigen Hexen im Gefolge ein, um den feiernden Einwohnern einige Episoden vom Baugeschehen in satirischer Verpackung in Erinnerung zu rufen (Harald Brill, Sabine Keppler, Margit Rode, Petra Keppler, Dorothee Bühler).

Das 90jährige Bestehen der Freiwilligen Feuerwehr von Lindewerra feierten deren Mitglieder am 28. und 29. Mai 1988. Am Sonnabendnachmittag begrüßte Hans-Joachim Streit in historischer Uniform die zum Festumzug eintreffenden Gäste am Dorfeingang.

Auf dem Dorfplatz hatten die Jubiläums- und alle Gastfeuerwehren zum Appell Aufstellung genommen. Zum ersten Mal war die Genehmigung erteilt worden, in der „Schutzstreifengemeinde" Lindewerra das Wirkungsbereichstreffen aller Wehren des Gemeindeverbandes Wüstheuterode durchzuführen. An die Wettkämpfe schloß sich ein gut besuchter Kameradschaftsabend an.

Gruppenfoto am 28.5.1998 (v. o. l.): Arno Felizak, Wilfried Brill, Holger Sippel, Harald Meder, Manfred Felizak; Udo Jäckel, Gerd Brill, Martin Helfrich, Walter Gastrock, Benno Heinrich; Werner Brill, Ralf Heinrich, Reinhard Jonen, Karl-Heinz Faulwasser, Hugo Sippel, Erwin Geyer; Walter Propf, Hugo Sippel, Harald Stöber, Siegmund Jäckel; Gerhard Rossi, Manfred Preßler, Dieter Faulwasser; Fred Sippel, Michael Geyer, Wolfgang Geyer, Adolf Sippel, Berthold Brill; Heino Bühler, Günter Degenhardt, Horst Sippel, Manfred Dölle, Achim Streit, Monika Geyer, Christa Helfrich, Barbara Keppler, Herbert Wunderlich.

Das Transparent, das beim Kirmesumzug im August 1988 mitgeführt wurde, war nicht als Vorgriff auf künftige politische Veränderungen gedacht, sondern bezog sich auf die wohl nicht alle begeisternde Besetzung der Kirmeskapelle.

In der Werkstatt von Heinz Sippel stellten sich im Juli 1989 Mitarbeiter mehrerer Stockmacherbetriebe und die Hersteller von Orthopädieartikeln einem Fototermin: Heinz Sippel, Gerd und Werner Brill, Dora Preßler, Angelika Klingebiel, Oskar Bühler, Roswitha Preßler, Benno Heinrich, Manfred Preßler, Udo Jäckel, Frank Heinrich und Hans Geyer.

Die Öffnung der Grenze, die in Lindewerra zunächst unbemerkt am 9. November 1989 geschah und zwei Tage später noch zu Turbulenzen wegen wieder geschlossenem Schlagbaum führte, wurde am Sonntag, dem 12. November, begeistert gefeiert. Vor der Brücke begrüßten die Höheberg-Musikanten unter der Leitung von Erich Geyer und viele Bürger den Wegfall des Grenzgebietes mit dem feierlichen Choral „Ich bete an die Macht der Liebe". Der feuchten Augen schämte sich niemand.

Mit beidseitig parkenden Trabis, Wartburgs u. a. bot die Straße zur Einheit an jenem und in den folgenden Tagen ein ganz neues, belebtes, ungewöhnliches Bild. „Wir haben uns immer gewünscht, das schöne Dörfchen an der Werra wieder besuchen zu dürfen", war die Meinung älterer Besucher. Kinder und Jugendliche aus den Orten des Schulbereiches Wüstheuterode und des übrigen Kreisgebietes kamen erstmals nach Lindewerra.

Am 12. November gegen 11.30 Uhr traf das erste „Westauto" in Lindewerra ein. Seine Insassen, Geburtstagsgäste des Burgwalder Lehrers Otto Albrecht (Bildmitte), wurden von Hans-Joachim Streit, Wolfgang Geyer und Gerd Brill begrüßt und zum musikalischen Frühschoppen auf den Saal eingeladen.

Noch im Jahre 1987 war eine zweite Sperranlage, der Grenzsignalzaun (GSZ), mit Streckmetall und Stacheldraht durch Pioniere der Grenztruppen errichtet worden. Er verlief hinter den letzten Häusern des Dorfes und vom Haus der Familie Bühler/Rossi in der Friedensstraße unmittelbar an der Landstraße bis nach Wahlhausen.

Die Brücke lag zwischen den „Sperranlagen", die aus dem vorderen, dem Grenzsignalzaun und dem Kfz.-Sperrgraben bestanden. Ein Tor im „GSZ" ermöglichte den Grenzposten nach elektronischer Öffnung der Schließeinrichtung den Zugang zum Beobachtungsturm auf der Brücke.

Nach einem Bogen, den der vordere Streckmetallzaun um die beiden Häuser auf der Werraseite der Straße Am Rasen (Familien Rossi und Wunderlich) beschrieb, zog er sich bis in das Filch unmittelbar an der Straße entlang und dann den Berg hinauf.

Nachdem am 18. November 1989 der Grenzübergang Wahlhausen-Bad Sooden-Allendorf zunächst für Fußgänger, später für den Fahrzeugverkehr freigegeben worden war, gehörten gegenseitige Besuche bald zur Selbstverständlichkeit. Im zeitigen Frühjahr des Jahres 1990 führte der Weg vieler Wanderer bereits an den Grenzanlagen entlang, und man konnte einen bislang unbekannten schönen Blick auf Lindewerra genießen.

Der Zaun, das Tor zur Brücke und der Beobachtungsturm hatten ihren Zweck verloren und boten ein typisches Bild von Nutzlosigkeit, Verfall und Auflösung. (Foto: 1. März 1990)

Die Öffnung im Streckmetallzaun auf der Brücke wurde von vielen als symbolisches Zeichen angesehen. Sie ermöglichte es in den Frühlingstagen 1990 den Einwohnern und vielen Gästen, den historischen Brückenrest zu betreten. Der Wunsch zum Wiederaufbau der Brücke wuchs, genährt durch hoffnungschürende Ankündigungen und Versprechen, und schien in greifbarer Nähe.

Am 20. März 1990 begannen Soldaten der Nationalen Volksarmee aus Gotha mit dem Abbau des Grenzsicherungszaunes im Filch. Innerhalb von zwei Tagen war jener Zaun aus dem gesamten Ortsbereich verschwunden. Am Donnerstag, dem 22. März 1990, wurde ein Stahlseil um den Beobachtungsturm der Grenztruppen auf der Brücke gelegt und dieser von einem Kran mühelos umgezogen.

Neben den unzähligen privaten Verbindungen, die zwischen den Einwohnern Lindewerras und ihren hessischen Nachbarorten wieder oder neu geknüpft wurden, kam es nach herzlicher Einladung am 31. März 1990 auch zu einem beeindruckenden freundschaftlichen Besuch zahlreicher Frauen aus Lindewerra bei den Ellershäuser Landfrauen.

Am Ostersonnabend des Jahres 1990 loderten nach jahrzehntelanger Pause wieder die Flammen eines Osterfeuers. Früher war man dazu auf das Studenroth gezogen, doch jetzt entschied man sich für den nahen Ortseingang. Es sollte schließlich nicht nur die symbolische Vertreibung des Winters erfolgen, sondern Gelegenheit zum gemütlichen Beieinandersein geboten werden.

In den frühen Abendstunden des 27. April 1990 wurde mit dem Abriß des schwarzen Streckmetallzauns durch Einwohner der Gemeinde selbst begonnen, weil ein offizieller Abbau nicht in Sicht war. Da aber die Kirmes 1990 im Festzelt auf dem Sportplatz stattfinden sollte, mußte man nun schnellstens selbst handeln. Fred Sippel prüfte als erstes, welche Werkzeuge und Hilfsmittel für die Beseitigung des Zaunes eingesetzt werden müßten.

Noch bevor an diesem Abend die Dunkelheit einbrach, lagen die ersten Zaunfelder dank der Gemeinschaftsarbeit von Fred und Holger Sippel sowie Alfred Heinzmann u. a. bereits zu Boden. Als bestes Hilfsmittel hatte sich eine Holzleiter erwiesen, mit der die Streckmetallplatten fast wie morsches Holz aus ihrer Verschraubung gestoßen werden konnten.

Die Freude über das Vollbrachte war bei Alfred und Rita Heinzmann sowie Holger und Fred Sippel unverkennbar, und noch am Abend erschallte über den Dorffunk der Aufruf „im Namen der Kirmesburschen und des Dorfklubs, zu einem Einsatz zur Wiederherstellung des Festplatzes" am nächsten Morgen zu erscheinen.

Am 28. April 1990 wurden die Arbeiten, durch den Einsatz weiterer Lindewerraer sowie des Ellershäusers Wilfried Stöber mit seinem Traktor intensiviert. Beim Entfernen der Betonpfosten halfen Alfred Heinzmann, Wolfgang Geyer, Hartmut Heinrich und Gerhard Rossi.

Im weiteren Verlauf der Abrißarbeiten verluden Holger Sippel, Alfred Heinzmann und Erich Pohler die Streckmetallplatten zum Abtransport auf einen Anhänger. Danach ebnete man den Kfz.-Sperrgraben ein.

Obwohl die Grenzanlagen südlich der Werrabrücke im Ergebnis vieler gemeinsamer Arbeitseinsätze nicht mehr vorhanden waren, sah man noch im Mai 1990 hin und wieder Posten der Grenztruppen, die, unbeeindruckt von Menschengruppen und Wassersportlern, am Werraufer ihren befohlenen Streifendienst versahen.

Durch die Vermittlung von Heino und Gerhard Propf brachte Horst Henrich aus Schwalbach am 23. Mai 1990 eine provisorische Fähre für eine schnelle Verbindung zum gegenüberliegenden Werraufer nach Lindewerra. In der Scheune von Frank Heinrich fand sich glücklicherweise auch noch das Stahlseil der alten Standfähre, die 1952 ihren Betrieb einstellen mußte. Es wurde an beiden Ufern befestigt. Die Fähre begutachteten: Günter Degenhardt, Harald Stöber, Walter Propf, Gerhard Rossi, Herbert Wunderlich, Hans Geyer.

Am 11. Juli 1990 taufte Bürgermeister Wolfgang Geyer die Fähre auf den Namen „Werratal" und gab sie kurzerhand für den individuellen Gelegenheitsverkehr zwischen dem Lindewerraer und dem Oberrieder Ufer zur großen Freude der Nutzer frei. An vielen Wochenenden und insbesondere zur Kirmes in Oberrieden und in Lindewerra hieß es immer wieder: „Fährmann, hol über!"

Am 1. Juli 1990 trat die Wirtschafts-, Währungs- und Sozialunion in Kraft. In der Sparkassen-Agentur in Lindewerra zahlte Margot Trebstein in Vertretung für ihren Vater unter schützender Aufsicht eines Volkspolizisten an die Bürger Lindewerras, die es wollten, die ersten 400 DM an Bargeld aus.

Die erste Kirmes nach der Grenzöffnung am letzten Wochenende im August 1990 gestaltete sich zum Anziehungspunkt für mehr als tausend Gäste aus nah und fern. Absoluter Höhepunkt war der Kirmesumzug am 26. August mit bunten Gruppen aus Werleshausen, Wendershausen, Oberrieden, Ellershausen und Wahlhausen.

Am 22. Dezember 1990 eröffneten Dorle und Harry Geyer das Restaurant „Zum Werrakrug". Zuvor standen dort die Scheune, die Garage und ehemalige Stallungen der Tischlerei von Hans Geyer.

Im Januar 1991 zeigte sich das Werraufer unter dem Trimberg noch im gleichen unberührten Winterbild wie Jahre zuvor.

Stimmungsvoll und symbolträchtig erscheint dieses Bild mit Blick durch den zerstörten Streckmetallzaun über eine Grenzsäule mitten in Deutschland in die winterliche Harth mit der Grenzschneise.

Zu Ostern 1991 wurde das Osterfeuer auf dem wiederhergestellten Sport- bzw. Festplatz an der Brücke aufgebaut. Besonderen Ehrgeiz entwickelte man in bezug auf die „architektonische" Gestaltung und die Größe, denn den vielen Verwandten, Freunden und Bekannten, die sich zum Osterfeuer in Lindewerra einfanden, sollte kein wüster Scheiterhaufen zugemutet werden.

Risse in der Kirchenfassade und herabfallender Putz machten auf dringend notwendige Sanierungsarbeiten wegen Gefährdung der Statik aufmerksam. Im Juli 1991 begannen grundlegende Arbeiten zur Sicherung des historischen Bauwerks. Nachdem der alte Außenputz entfernt und die Grundmauern isoliert waren, wurde das Mauerwerk fachgerecht vernadelt und neu geputzt.

Gemeinsam mit verschiedenen Firmen und deren Technik verrichteten Adolf Klingebiel und Erich Pohler (im Bild) sowie Walter Gastrock, Heino Propf und Dieter Faulwasser im Sommer 1991 und im Frühjahr 1992 die erforderlichen Arbeiten.

Am ältesten Fachwerkhaus in der Dorfstraße, das im Torbogen die Jahreszahl 1696 trägt, begannen 1991 Christina und Oliver Moser denkmalpflegerische Arbeiten zu dessen Sanierung.

Im März 1992 wurde das Kirchendach mit neuen roten Krempziegeln gedeckt. Einer der Helfer war Heino Propf.

Für viele Paraschirm-Gleiter und Drachenflieger besaß Lindewerra einen ganz besonderen Reiz. An den Wochenenden schwebten oft viele der bunten Schirme zugleich über der Kelle. Wanderer und Spaziergänger – wie hier der 77jährige Oskar Bühler – zeigten sich immer wieder beeindruckt von dem Geschehen und den vielen Besuchern.

Bürgermeister Heino Bühler, Pfarrer Friedrich-August Emmelmann und Kirchenvorstandsmitglied Erich Geyer füllten am 9. April 1992 eine Kupferkassette mit Angaben zur Kirchensanierung und zur Situation in der Gemeinde, mit Zeitungen und Münzgeld und legten sie in die restaurierte Turmkugel.

Wenige Minuten später setzten „Artisten" der Gesellschaft für Bauwerksinstandsetzung Mühlhausen die Turmkugel und die neue Wetterfahne auf. Sie trägt das neue Gemeindewappen und die Jahreszahlen 1789 (Fertigstellung des Turmes) und 1992 (umfassende Sicherung und Restaurierung der Kirche).

Das Osterfeuer am 18. April 1992 betrachteten voller Interesse Susan Krause, Wiebke Heinrich, Jana Heinzmann, Franziska Felizak, Denise Preßler, Christian Meder und Mathias Heinrich.

Ein freundlicher Gruß am Ortseingang wird allen Gästen durch das geschnitzte Schild am Ortseingang entboten, das Wolfgang Geyer, Fred Sippel, Manfred Preßler, Frank Heinrich und Gerhard Rossi am 20. April 1992 aufstellten.

Der Festgottesdienst in der außen sanierten und innen renovierten und mit neuen Fenstern ausgestatteten Kirche war am 17. Mai 1992 ein erhebendes Ereignis für die Kirchengemeinde. Superintendent Hans-Martin Lange und Pfarrer Emmelmann würdigten die Leistungen aller Verantwortlichen, Helfer und Firmen. Für die Arbeiten standen insgesamt 95.000 DM von der staatlichen Denkmalpflege und aus Mitteln des Fonds „Aufschwung Ost" zur Verfügung.

Von der Schneise zwischen Höheberg und Harth gleitet der Blick im Mai 1992 über die Reste der noch vorhandenen Grenzanlagen weit ins Hessenland hinein.

Im Sommer des Jahres 1993 bauten ehemalige Angehörige der Grenztruppen den schwarzen Streckmetallzaun im Bereich der Gemarkung Lindewerra ab. Am 28. Juli 1993 fiel das letzte Stück Zaun an der Brücke.

Die Neugestaltung des Dorfangers wurde im Juni/Juli 1993 vorgenommen, wozu neue Bänke und der Tisch aus Sandstein angefertigt und alte Steine als Mauer verwendet wurden.

Bei der Pflasterung der Sellgasse unterstützte Walter Propf die Mitarbeiter der Firma für Landschaftsgestaltung.

Zu einem Kinderfest an der Brücke hatte die Freiwillige Feuerwehr am ersten Augustsonnabend 1993 die Kinder des Dorfes eingeladen, die hier bei ihren traditionellen Wettkämpfen von Eltern und Großeltern betreut und angefeuert wurden.

Am 1. Eichsfelder Werraland-Wandertag, den die „Lindewerrschen Wandervögel 1981" am 19. September 1993 ausrichteten, nahmen fast 200 Wanderfreunde aus nah und fern teil. Walter Propf und Herbert Wunderlich freuten sich über den gitarrespielenden Wanderfreund, der mit einem frohen Lied die Strecke über Werleshausen, Hanstein und Teufelskanzel in Angriff nahm.

Unter der Dorflinde traf zum ersten Mal am 5. Dezember 1993 auf Einladung des Kirmesvereins der Nikolaus ein, um die Kinder mit Geschenken zu erfreuen, während sich die Eltern mit Glühwein und Grog wärmen. Sichtlich interessiert zeigten sich Sebastian und Christian Meder, Franziska und Tim Felizak, Mathias Heinrich, Julia Sippel und Vater Matthias Hofmann.

Zum Skatturnier, zu dem die Lindewerrschen Wandervögel für den 22. Januar 1994 eingeladen hatten, erschienen so viele Skatspieler, daß der Dorfgemeinschaftsraum in der Straße zur Einheit bis auf den letzten Platz besetzt war.

Um im Dorfgemeinschaftsraum für feierliche Veranstaltungen eine angenehmere Atmosphäre zu schaffen, verkleideten die Mitglieder des Wandervereins die beiden Stirnseiten des Raumes Ende Januar/Anfang Februar 1994 mit Profilholz. Im Bild: Wolfgang Geyer, Herbert Wunderlich, Klaus Ritter.

Nach starken Regenfällen suchte Thüringen im April 1994 ein Jahrhunderthochwasser heim. Die Werra erreichte am 16. April mit einem Pegelstand von 4,31 m (normal: um 1,00 m) in Bad Sooden-Allendorf ihren Höchststand. Die Aufnahme wurde aus der „Pfitze", dem Weg am jenseitigen Werraufer, gemacht.

Immer neue Ideen kamen von den Vereinen des Dorfes, um das dörfliche Gemeinschaftsleben inhaltsreicher und für Besucher attraktiver zu gestalten. Während die Wandervögel nach der Kirschblütenwanderung am 24. April 1994 zum fröhlichen Umtrunk unter die Linde baten (oben), luden die Mitglieder des Feuerwehrvereins am 12. Mai 1994 zur Vatertagsfeier in das Filch ein (unten). Feiernde Väter: Dieter Faulwasser, Gerhard Rossi, Wolfgang Geyer, Dieter Trebstein, Herbert Wunderlich.

Über die Situation und die Möglichkeiten zur weiteren Entwicklung und Verbesserung des Fremdenverkehrs und zur Lenkung der Tourismusströme in Lindewerra informierten die Aufschriften auf diesem Trabi, der beim Kirmesumzug am 31. Juli 1994 durch das Dorf fuhr.

„Obwohl die Deutsche Märchenstraße Lindewerra umgeht, ist es bei uns ebenso märchenhaft wie in ...hausen und ...rode!" stellten eigens für den Festumzug nach Lindewerra geeilte Märchen- und Sagenfiguren beim gleichen Kirmesumzug fest.

Im Juni 1994 ging die Legislaturpersiode jener Gemeindevertretung zu Ende, die am 6. Mai 1990 frei gewählt worden war. Der Lösung der neuen Aufgaben nach der Öffnung der Grenze und der Wiedererlangung der deutschen Einheit stellten sich Birgit Meder, Heino Bühler (ab 13.3.1991 Bürgermeister), Adolf Klingebiel, Barbara Keppler, Wolfgang Geyer (ab 6.5.1990 Bürgermeister), Martina Heinrich, Gerhard Rossi, Christa Helfrich, Fred Sippel.

Den Namen „Wurzelmännerbaum" erhielt ein Kirschbaum neben Wolfgang Geyers Souvenirkiosk, weil Karl Fricke („Wurzelcharly") aus Edermünde-Besse mehrere groteske Gesichter, über Stamm und Äste verteilt, hineingeschnitzt hatte. Den Wanderern – wie hier im August 1994 – dient er als Orientierungspunkt.

Am 2. Weihnachtsfeiertag 1994 zapften die Wirtsleute Udo, Hildegard und Siegmund Jäckel zum letzten Mal Bier in ihrer Gastwirtschaft „Zur Traube". Seit Mai 1990 hatten sie die Gastwirtschaft, die vorher mehr als 30 Jahre als Konsum-Gaststätte geführt wurde, wieder selbst übernommen.

Zwei Wochen nach seiner Gründung lud der Heimatverein des Stockmacherdorfes Lindewerra am 23. April 1995 zu einem gut besuchten Museumsfest in und vor das Stockmachermuseum ein. Als wichtigen Teil der Traditionspflege sehen die Heimatfreunde die Betreuung des einmaligen Stockmachermuseums an.

Ein großer volkstümlicher Musikabend bildete den Auftakt zur Kirmes am 28. Juli 1995. Bevor die bekannte Sängerin Angela Wiedl ihren Auftritt im Festzelt hatte, besuchte sie das Stockmachermuseum und ließ sich dort auch bereitwillig fotografieren.

Mit viel Applaus dankten die Zuhörer den Original-Hainich-Musikanten und besonders Angela Wiedl, die abschließend von Franziska Felizak, Sara Brill, Denise Preßler und Harald Brill mit Blumen beschenkt wurde.

Traditionsgemäß zog der Kirmesverein mit den anderen Vereinen des Dorfes und vielen gestalteten Wagen aus den Nachbarorten am Sonntag, dem 30. Juli 1995, durch das Dorf. Manfred Felizak, Vorsitzender des am 20. 1. 1992 gegründeten Kirmesvereins, trug die Vereinsfahne voran.

Walter Propf und sein bekanntes „Pupperchen" lüfteten mit der Altersangabe zwar Geheimnisse, gaben aber gleichzeitig Rechenaufgaben auf.

Der Höhenunterschied zwischen der Werra bei Lindewerra und ihrer Quelle bei Fehrenbach im Thüringer Wald beträgt exakt 655,80 m. Davon und von der Vielgestaltigkeit des Werralaufs konnten sich 50 Einwohner des Dorfes überzeugen, die am 17. September 1995 auf Einladung des Heimatvereins an einer informativen Busfahrt zur Werraquelle teilnahmen.

Wie seit Jahren waren die Senioren der Gemeinde am 12. Dezember 1995 gern der Einladung zur Rentnerweihnachtsfeier in den „Werrakrug" gefolgt, wo sie von Bürgermeister Heino Bühler zunächst über die Entwicklung des Dorfes informiert wurden. Hugo Brill, Erwin und Christa Gastrock sowie Ilse Brill (im Bild) und die anderen Teilnehmer waren auch vom Auftritt des Magierduos D & M aus Heiligenstadt sehr angetan.

Als der Wiederaufbau der Werrabrücke in ursprünglichen Dimensionen immer aussichtsloser erschien, weil einer Fußgängerbrücke Vorrang gegeben wurde, gründeten Gerhard Propf u. a. eine Bürgerinitiative zur Wiederherstellung einer befahrbaren Brücke. Bei einer Kundgebung zum 51. Jahrestag der Brückensprengung am 8. April 1996 wiesen u. a. Gerhard Propf (Bild), der Zeitzeuge der Sprengung Willi Stöber und Ortschronist Josef Keppler nachdrücklich auf die historische Bedeutung der Brücke und ihren Wiederaufbau hin.

Viele Einwohner sahen die Forderungen der Bürgerinitiative als die eigenen an und unterstützten sie. Auch die Politiker (v. l.: Dietrich Hertam, Kreistag, Bernd Beck, Vors. des Verkehrsverbandes Heiligenstadt, Hans-Jürgen Döring, Landtag, Rolf Berend, Europaparlament) sprachen sich für den Wiederaufbau aus. Einige Monate später kam die Erfolgsmeldung: Für ca. 2,4 Mill. Mark wird eine zweispurig befahrbare Brücke gebaut, wobei der Erhaltung des historischen Teils besonderer Wert beigemessen wird!

Am 18. April 1996 baute das MDR-Fernsehen wieder einmal seine Kameras in Lindewerra auf. Wegen der 1100jährigen Ersterwähnung des Eichsfeldes wanderten Heike Opitz und Robby Mörre in ihrer Sendereihe „Rucksack" von Heiligenstadt zur Burg Hanstein. Ein Stück des Weges begleiteten sie der 82jährige Ehrenobermeister Oskar Bühler und der 72 Jahre alte Stockmachermeister Heinz Sippel.

Am 20. April 1996 verrichteten Hugo und Wilfried Brill, Maik Göbel, Manfred Felizak, Heino Bühler und Bernd Göbel am Hirtenrasen Pflaster- bzw. Vorbereitungsarbeiten, damit hier zur 160-Jahr-Feier des Stockmacherhandwerks ein Denkmal aufgestellt werden kann.

Ihr Spritzenfest veranstaltete die Freiwillige Feuerwehr am 22. Juni 1996 auf dem Sport- und Festplatz. Neben betont kämpferisch ausgetragenen Einsatzübungen entbehrten die Schlauchbootwettkämpfe auf der Werra als Novum nicht der heiteren Aspekte. Auf den richtigen Wasserweg gebracht von Herbert Propf und Holger Sippel, bewiesen Arno Felizak, Wolfgang Geyer, Walter Propf und Manfred Felizak ihre Flußtüchtigkeit bravourös.

Vor der 2. Halbzeit beim Sportfest am 30. Juni 1996 in Wahlhausen ruhten sich die Spieler aus Lindewerra erst einmal aus. Trotzdem verloren sie beim notwendig gewordenen Elfmeterschießen. Außer den Gastspielern gehörten Udo Jäckel, Jens Ritter, Matthias Hofmann, Herbert Propf, Holger Logemann, Manfred Preßler, Manfred Felizak und Gerhard Propf zur Mannschaft.

Am 14. Juli 1996 wurde unter der Dorflinde die neue Gemeindefahne feierlich eingeweiht. Zuvor präsentierte Erwin Gastrock zur Überraschung aller die alte Fahne des Männergesangvereins von 1927, die er als bisher letzter Fahnenträger über Jahrzehnte sicher aufbewahrt und vor Verlust und Beschädigung geschützt hatte.

Bei der Einweihung und Präsentation der neuen Gemeindefahne durch Bürgermeister Heino Bühler assistierten ihm die Gemeinderäte Manfred Preßler und Wolfgang Geyer. Viele Bürger und Gäste waren erschienen und nahmen Anteil an der feierlichen Zeremonie.

Alle Vereine des Dorfes brachten an der Gemeindefahne ihre Fahnenbänder an. In ihrer neuen Tracht zeigten sich die Mitglieder des Heimatvereins Ilona und Erhard Heinrich, Margit Rode, Monika Geyer und Gerhard Propf. Rechts: Wehrführer Frank Heinrich.

Mitglieder des Kirmesvereins gruppierten sich zu einem ersten Foto um die neue Gemeindefahne: Harald Meder, Jürgen Eichenberg, Harald Brill, Alfred Heinzmann, Uli Eichenberg, Heiner Faulwasser, Elke Felizak, Holger Sippel, Manfred Preßler, Andrea Sippel, Isolde Brill, Monika Rettberg, Roswitha Preßler, Uwe Hartleib, Burghard Deyst, Herbert Propf, Gerhard Propf, Manfred Felizak, Uta Deyst, Rita Heinzmann.

Nach dem Kirmesumzug am 28. Juli 1996 wurden die alten und neuen Fahnen Lindewerras präsentiert. Gerhard Propf trug die neue Gemeindefahne, Erwin Gastrock traditionsgemäß die Fahne des Männergesangvereins von 1927 und Hartmut Heinrich sowie Fred Sippel die alte und die neue Kirmesfahne.

Eine Kirchenbucheintragung in Eddigehausen hatte den endgültigen Nachweis erbracht, daß der Begründer des Stockmacherhandwerks, Wilhelm Ludwig Wagner, im Jahr 1836 in Lindewerra ansässig war. Daher konnte die 160-Jahr-Feier am 14. September 1996 begangen werden. Der Thüringer Kultusminister Dieter Althaus (Bildmitte) enthüllte einen Sandstein mit einer Gedenkplatte zur Erinnerung an Wagner. Weiterhin im Bild: Adolf Kierschke, Eddigehausen, Heino Bühler, Rolf Berend sowie die Fahnengruppe mit Heike Helfrich, Gerhard Propf, Susan Krause.

Am 14. April 1997 erhielt Manfred Sippel offiziell die Rückgabedokumente für das Grundstück seines 1952 ausgesiedelten Vaters Adolf Sippel. Bürgermeister Heino Bühler hob in Anwesenheit von Wilma Sippel, Barbara Keppler, stellvertretende Bürgermeisterin, sowie Ratsmitglied Walter Propf hervor, daß begangenes Unrecht nicht ungeschehen, aber gemindert werden könne.

Die Aufnahme, die beim Flug am 15. Mai 1997 aus dem einmotorigen Sportflugzeug des Werleshäuser Ortsvorstehers Wolfgang Raacke gemacht wurde, zeigt Lindewerra einmal nicht aus Richtung Teufelskanzel, sondern von Süden her.

Der 70. Jahrestag der Fahnenweihe des Männergesangvereins war Anlaß für einen festlichen Chorabend am 14. Juni 1997 im Gemeindesaal, wozu der Heimatverein alle Sangesfreunde aus Lindewerra und Oberrieden eingeladen hatte. Die ältesten ehemaligen Sänger Oskar Bühler und Hans Geyer begleiteten den Fahnenträger Erwin Gastrock beim Fahneneinmarsch.

Im festlich geschmückten und bis auf den letzten Platz gefüllten Saal hatte außer den Höheberg-Musikanten der Gemischte Chor aus Oberrieden Aufstellung genommen – an diesem Festabend verstärkt durch 19 Sängerinnen und Sänger aus Lindewerra. In Vorbereitung auf das Fahnenjubiläum hatten sie ein Vierteljahr mit den Oberriedern unter der Leitung von Gerda Gastrock eifrig geprobt.

Der Inhalt des Bundesliedes „Brüder, reicht die Hand zum Bunde..." sollte nicht nur als feierliche Einstimmung, sondern auch als Motivation und Orientierung beim gemeinsamen Gesang der Oberrieder und der Lindewerrschen Sängerinnen und Sänger verstanden werden.

Im Namen der Lindewerrschen Sänger und aller, die sich an diesem Abend in Zeiten besten Chorgesanges zurückversetzt fühlten und außerordentlich beeindruckt waren, bedankte sich Josef Keppler bei allen Oberrieder Chormitgliedern und insbesondere bei der engagierten Dirigentin Gerda Gastrock.

Mit erheblichem Interesse wenden sich Besucher des Stockmachermuseums in der ehemaligen Stockfabrik Söder & Co. immer wieder dem alten Backofen zu. Seinen eigentlichen Zweck zum Trocknen der Stöcke braucht er nicht mehr zu erfüllen. Von Zeit zu Zeit wird er dennoch angeheizt, wie hier von Benno Heinrich, um Bauernbrot, Zwiebelkuchen und ähnliche Köstlichkeiten zu backen.

Für die beliebte Fernsehsendung der ARD „Zauberhafte Heimat" liefen am 21. August 1997 Dreharbeiten im Backhaus des Stockmachermuseums. Stockmanufaktur-Geschäftsführer Wolfgang Geyer beantwortete dem Moderator und Sänger Gunther Emmerlich dessen launige Fragen über das Stockmacherhandwerk, während Erhard Heinrich Bauernbrote zum Einschieben in den Backofen bereithielt.

Mitglieder von Vereinen des Dorfes leisteten zwischen Januar und März 1998 Hunderte Arbeitsstunden bei der Renovierung des Gemeindesaals. Die Schnappschüsse zeigen - stellvertretend für weitere aktive Helfer - Hartmut Heinrich und Alfred Heinzmann beim Streichen der Wände, Klaus-Jürgen Krause beim Putzglätten sowie Herbert Wunderlich, Wolfgang Geyer und Klaus Ritter beim Verkleiden der Wände im Thekenbereich.

Oft unternahmen Hans Geyer, Oskar Bühler, Hugo und Erich Geyer gemeinsame, z. T. ausgedehnte Wanderungen, um fit zu bleiben. Die vier „Tippelbrüder", wie sie scherzhaft genannt werden, haben zum Zeitpunkt der Fotoaufnahme (Februar 1998) ein Gesamtalter von 314 Jahren.

Zum 6. Eichsfelder Werraland-Wandertag im April 1998 kamen etwa 200 Wanderer, um gemeinsam die 14 km lange Rundstrecke von Lindewerra über die Harth, den Hanstein und die Teufelskanzel zurückzulegen. Als einer der Wanderführer beteiligte sich Wilfried Brill.

Ihre Goldene Konfirmation feierten am 10. Mai 1998 in Lindewerra: Anneliese Sippel, Hildegard Vogler, Lisa Bühler, Jutta Pudenz, Margret Wolf, Klaus Knop, Gerhard Rossi, Erhard Gastrock, Adolf, Günter und Hugo Sippel. Konfirmiert hatte sie der Werleshäuser Pfarrer Gotthold Gueinzius, da Lindewerra von 1555 bis 1952 zum Kirchspiel Werleshausen gehörte.

Das abendliche Treffen am „Stammtisch" in der Gastwirtschaft „Zur Traube" gehört zu den schon lange und gern gepflegten Bräuchen. Inhaber des Gasthauses ist seit Januar 1995 Erhard Heinrich. Im Sommer 1998 bedienten die Wirtin Ilona Heinrich und ihr Vater Helmut Siebert die Stammtischrunde, die an diesem Tag aus Werner und Gerd Brill, Arno Felizak, Benno Heinrich, Berthold Brill, Heino Bühler und Gerhard Rossi bestand.

Im Juni 1998 feierten die Kameraden der Freiwilligen Feuerwehr während eines dreitägigen Jubiläumsfestes das 100jährige Bestehen ihres Vereins. Nach der Festsitzung am Vortag vereinten sich am 6. Juni alle teilnehmenden Wehren zu einem langen Festumzug durch das Dorf, den Christian Meder mit dem Schild und die Feuerwehrdamen Katja Schluckebier, Monika Geyer, Barbara Keppler, Rita Heinzmann und die Wehr aus Lindewerra anführten.

Die freiwilligen Feuerwehren aller Orte der Verwaltungsgemeinschaft Hanstein-Rusteberg und die Wehren aus Wüstheuterode, Mackenrode, Vatterode, Asbach, Ellershausen und Oberrieden beteiligten sich an den Wettkämpfen der Jugendwehren und Einsatzabteilungen. Bei einem Appell auf dem Sportplatz begrüßte die Führung der Jubiläumswehr zuvor die Gäste und informierte über den weiteren Ablauf. Gastwehren kamen auch aus Heiligenstadt und Bad Sooden-Allendorf.

Weil der Fluß als Einsatzbereich für Feuerwehrmänner bisher kaum in Frage kam, übten die Schlauchbootwettkämpfe auf der Werra einen enormen Reiz auf die Aktiven wie die Zuschauer gleichermaßen aus. Als Bootsbesatzung der gastgebenden Wehr ruderten Tim Felizak, Kevin Preßler, Karsten Felizak, und Stefan Gerstenberg. Herbert Propf half beim Blitzstart.

Die Mitglieder des Jubiläumsvereins 1998: Werner Brill, Hans-Joachim Streit, Benno Heinrich, Harry Geyer, Gerd Brill, Gerhard Propf, Erwin Geyer, Gerhard Rossi, Walter Propf, Erwin Gastrock, Horst Sippel, Herbert und Hannelore Wunderlich, Arno Felizak, Wilfried Brill, Barbara Keppler, Günter Degenhardt, Berthold Brill, Jörg Schluckebier, Heino Bühler, Wolfgang Geyer, Alfred Heinzmann, Manfred Preßler, Michael Geyer, Frank Heinrich, Herbert Propf, Holger Sippel, Monika Geyer, Katja Schluckebier, Hugo Sippel, Birgit und Harald Meder, Christa und Martin Helfrich, Dorle Geyer, Rita Heinzmann, Isolde Brill, Fred Sippel (Vereinsvorsitzender).

Unter einem der erhaltenen Brückenbögen fand am 28. Juli 1998 die „Baulanlaufberatung zur Wiederherstellung der Werrabrücke zwischen Bad Sooden-Allendorf, Stadtteil Oberrieden und Lindewerra" - so das Protokoll – statt. Die Vertreter der Kommunen, der Straßenbauämter in Leinefelde und Eschwege und der bauausführenden Firmen äußerten ihre Freude, „daß nun endlich neun Jahre nach der Wende dem Wiederaufbau der 1945 gesprengten Werrabrücke nichts mehr im Wege steht." Die Baumaßnahme besteht im „Brückenbau als einfeldrigem Stahlverbundüberbau mit massiven Widerlagern auf Bohrpfahlgründung im Strombereich und Brückeninstandsetzung der verbliebenen alten drei Gewölbe im Vorlandbereich." Die Arbeiten begannen am 7. September 1998 (oben); Ende September war das Brückenmauerwerk freigelegt (unten).

Im Herbst 1998 pflasterten die Mitarbeiter der Firma Beck und Gundlach nach vorheriger Erneuerung der Kanalisation die Kirchstraße. Mit dem Verlegen des „Altstadtpflasters" waren am 14. November 1998 Klaus-Jürgen Krause, Manfred Preßler u. a. im Bereich des Kriegerdenkmals beschäftigt.

Die Kreissparkasse Eichsfeld schloß am 30. November 1998 ihre Agentur in Lindewerra. Nach 30jähriger Tätigkeit als Leiter der Agentur entnahm Erich Geyer an diesem Tage die Geldkassette letztmalig dem Tresor, um Kundenwünsche zu erfüllen.

Im Winter und in den ersten Frühlingswochen des Jahres 1999 erbauten die Lindewerrschen Wandervögel in mehr als 300 Arbeitsstunden eine Wander-Blockhütte als Wanderziel und Rastplatz für Touristen sowie für Familien und Vereine des Dorfes. Das Richtfest fand am 1. April 1999 statt. Im Bild: Wolfgang und Monika Geyer, Fred Sippel, Josef Keppler, Jörg Schluckebier, Michael Geyer, Mike Senge, Klaus Ritter.

Der 7. Eichsfelder Werraland-Wandertag am 25. April 1999 war mit mehr als 300 Teilnehmern der bisher am besten besuchte. Der lange Zug der Wanderfreunde bewegte sich über das Ausgespann zur Teufelskanzel und von dort über die Harth wieder bergab. Ab Mittag waren viele Wanderer und die Bürger des Dorfes Gäste bei der Nutzungsübergabe der „Hanseberghütte".

Am 2. April 1999 bauten die Mitglieder des Kirmesvereins das Osterfeuer noch vor der Kulisse der Brücke als Baustelle auf. Der große Baukran wurde nicht zum Aufrichten der meterlangen Stämme des Holzstoßes benutzt, obwohl es den Anschein hat.

Nachdem in den Vormittagsstunden des 28. April 1999 das Stahlsegment für die Werrabrücke auf der hessischen Flußseite aufgelegt worden war, trafen die beiden anderen Teile auf gewaltigen Spezialtransportern in Lindewerra ein. Der 20 m lange und 38 t schwere rechte Uferaufleger konnte beim Abbiegen in die Straße zur Einheit nur millimeterweise vorwärtsbewegt werden.

Hunderte Zuschauer hielten sich am 28. April 1999 fast ganztägig an der Brückenbaustelle auf, um das Auflegen der drei insgesamt 60 m langen Stahlsegmente auf die Widerlager an beiden Ufern und den lange erwarteten Lückenschluß zu erleben.

Mit seinem 400-Tonnen-Autokran fügte der Kranführer Willi Lange das Brückenmittelteil langsam zwischen die Ufersegmente. Genau um 16.37 Uhr befand es sich in der gewünschten Lage. Die Verbindung zwischen beiden Ufern der Werra war nach 54 Jahren endlich wieder hergestellt. Wenn die Brücke zur 700-Jahr-Feier Lindewerras und später überquert wird, erinnern sich vielleicht nur wenige an Sprengung und Ruinen, an Stacheldraht und Streckmetall... Gut so!